Second Language Acquisition

盖兆泉 著

# 做孩子最好的英语学习规划师

## 中国儿童英语习得全路线图

外语教学与研究出版社
FOREIGN LANGUAGE TEACHING AND RESEARCH PRESS
北京 BEIJING

**图书在版编目（CIP）数据**

做孩子最好的英语学习规划师：中国儿童英语习得全路线图 / 盖兆泉著. —
北京：外语教学与研究出版社，2015.1（2024.1 重印）
　　ISBN 978-7-5135-5516-6

　　I. ①做… II. ①盖… III. ①英语－儿童教育－研究 IV. ①H31

　　中国版本图书馆 CIP 数据核字（2015）第 018138 号

出 版 人　王　芳
策划编辑　张　庆
责任编辑　王霖霖　刘　杨　王蔚霞
装帧设计　李双双
出版发行　外语教学与研究出版社
社　　址　北京市西三环北路 19 号（100089）
网　　址　https://www.fltrp.com
印　　刷　北京尚唐印刷包装有限公司
开　　本　730×980　1/16
印　　张　14
版　　次　2015 年 1 月第 1 版 2024 年 1 月第 29 次印刷
书　　号　ISBN 978-7-5135-5516-6
定　　价　49.80 元

如有图书采购需求，图书内容或印刷装订等问题，侵权、盗版书籍等线索，请拨打以下电话或关注官方服务号：
客服电话：400 898 7008
官方服务号：微信搜索并关注公众号"外研社官方服务号"
外研社购书网址：https://fltrp.tmall.com

物料号：255160001

记载人类文明
沟通世界文化
www.fltrp.com

# 英语该怎样学

——心中有目标，脑中有理论，手中有资源，脚下有路线

新一代的家长都特别注重对孩子的教育。随着办公室里新妈妈的增多，我经常感叹现在育儿的大环境已经今非昔比：资源骤然变丰富，家长普遍更上心，网络实在太方便，信息高速地流通。这是一个令人兴奋的新时代，孩子崭新的生命，在家长科学的规划下，能够绽放出最美的可能性。

我写这本书的原因，是我在所任职的单位——外语教学与研究出版社——做过关于"二语习得与分级阅读"的育儿讲座，受到同事们的欢迎。大家鼓励我写本书，为新手妈妈培养"英语牛孩"规划路线图。初听到这个目标，我也感到很激动。是啊，如果我们按照"最佳路线"实施我们研制出来的计划，那么，很多孩子将不用走那么多的弯路，不会丧失学习兴趣，无痛、乐享地学会英语，而且能达到媲美英美同龄孩子的高度，这是一件多么令人兴奋的事情啊！

如果您有培养"双语儿童"的计划，即想让孩子同时掌握中英文两种语言，那么，这本书就是专门为您编写的。如果您没有这个目标，只是想让孩子有一定的英语特长，那么，您也不妨看看这本书，在实施环节有所取舍就可以了。比如，我建议您让孩子在7岁时每天听半小时至1小时英语有声书，1年读300本分级读物，如果您觉得做不到，减量就好。

目标容易有，但理论不好有。很多家长表示看不进去理论，要求直接告诉怎么做就行。我个人觉得，家长还是应该懂点理论。不然，如何判断一个方法科学与否？盲目跟风和没有主意都是缺乏理论的表现。有了理论，才能指导实践，才能判断什么是目的，什么是手段，才能创造性地改造别人的方法，应用到自己独一无二的孩子身上，实现因材施教。基于此，本书在第一章，简要地介绍了二语习得理论，对想培养孩子学英语的家长来说，这一理论相当有用。在此基础上，第二章和第三章探讨了英语学习的误区和英语到底该怎样学。

有了目标和理论，接下来就是按照有效路线图有步骤地实施计划。本书的第四章为大家设计了一个中国儿童习得英语的3到12岁的路线图，并详细介绍了各年龄段的英语学习资源。网络时代，资源的极大丰富意味着我们可以创造一个人为的习得环境，中国儿童也可以多快好省地"习得"第二种语言。

心中有目标，脑中有理论，手中有资源，脚下有路线。这是新一代家长培养英语牛孩所需的"武器"。家长可以不擅长英语，但要懂英语教学，知道该怎样做。每个孩子都是天生的语言学家，掌握一门或多门语言是他们的本能。只要科学地开发他们的本能，扎扎实实地耕耘，就会走上一条充满惊喜的收获之路。

# Contents

第一章　英语学习，家长不可不知的"二语习得"理论 ⋯⋯⋯⋯ 1

一、英语"学"、"习"大不同：区分学得和习得 ⋯⋯⋯⋯ 2

二、中国孩子区分学得和习得的重要意义 ⋯⋯⋯⋯⋯ 5

三、习得才是最适合儿童的方法 ⋯⋯⋯⋯⋯⋯⋯ 6

四、习得时代家长的任务 ⋯⋯⋯⋯⋯⋯⋯⋯⋯ 9

知识板块：家长要知道的"二语习得"主要观点 ⋯⋯ 13

第二章　为什么中国孩子英语学不好 ⋯⋯⋯⋯⋯⋯⋯ 19

一、课堂不是有效的习得环境 ⋯⋯⋯⋯⋯⋯⋯⋯ 20

二、怎样选择英语课外班？ ⋯⋯⋯⋯⋯⋯⋯⋯⋯ 25

三、语言学习材料是选择经典的还是孩子喜欢的？ ⋯⋯ 29

四、强调背诵到底对不对？ ⋯⋯⋯⋯⋯⋯⋯⋯⋯ 30

五、读物不能替代教材 ⋯⋯⋯⋯⋯⋯⋯⋯⋯⋯ 33

六、英语启蒙用绘本还是用分级读物？ ⋯⋯⋯⋯⋯ 34

七、原版书讲读启蒙法不可取 ⋯⋯⋯⋯⋯⋯⋯⋯ 36

第三章　英语应该怎么学 ⋯⋯⋯⋯⋯⋯⋯⋯⋯⋯ 39

一、英文耳朵是磨出来的吗？ ⋯⋯⋯⋯⋯⋯⋯⋯ 40

二、语感从哪里来？ ⋯⋯⋯⋯⋯⋯⋯⋯⋯⋯⋯ 41

三、不能只有精读，也不能只有泛读 ⋯⋯⋯⋯⋯⋯ 44

四、跟读是好办法吗？ ⋯⋯⋯⋯⋯⋯⋯⋯⋯⋯ 45

五、英语思维有没有用? ...... 47

六、自然拼读与音标学哪个? ...... 48

七、单词要不要背? ...... 49

八、英语好会干扰母语学习吗? ...... 52

九、低龄学英语的黄金优势: 入门时期的海量资源 ...... 54

　　　　知识板块: 母语、二语与外语 ...... 56

**第四章　中国孩子英语学习路线图** ...... 59

**第一节　总体规划** ...... 60

一、3 岁起点说 ...... 60

二、为什么是 10 年 ...... 61

三、目标 ...... 61

四、习得要有计划有步骤 ...... 63

五、家长在各阶段的角色与作用 ...... 66

六、大孩子怎么办? ...... 68

　　　　知识板块: 细说原版, 细说分级 ...... 70

**第二节　细说各年龄段儿童英语学习要点** ...... 73

一、启蒙阶段: 3-5 岁 ...... 73

二、扫盲阶段: 6 岁 ...... 90

　　　　知识板块: 解密自然拼读 ...... 95

三、全面发展阶段: 7-9 岁 ...... 97

四、提高阶段: 10-12 岁 ...... 111

五、听和读两套书单, 可以非此即彼 ...... 117

　　　　知识板块: 为中国儿童编写二语习得分级读物 ...... 119

**第五章 我的家教手记**..................................123

　　一、外语幼儿园..................................124

　　二、儿子的英语评书..................................125

　　三、习得的通病：单词拼写的瓶颈..................................127

　　四、体验英语考级..................................129

　　五、参加英语比赛（"希望之星"英语口语比赛参赛体会）..................................133

　　六、通过旅游和游学，增添学习英语的动力..................................135

**第六章 答疑解惑**..................................137

**附　录**..................................155

　　附录一　英语读物分级标准对照表..................................156

　　　　表一　美国各年级学生阅读能力标准对照表..................................156

　　　　表二　英文阅读分级转换表..................................159

　　　　表三　美国学生所处年级与阅读能力对照表..................................160

　　　　表四　Scholastic 公司阅读指导分级对照表..................................161

　　　　表五　Reading A–Z 读物分级对照表..................................162

　　　　表六　美国某学区小学英文阅读要求..................................163

　　　　表七　某些有名读物所对应的 Lexile 级别..................................164

　　附录二　儿童英语阅读推荐书单..................................165

　　　　书单一：美国教育协会推荐的 100 本最佳童书..................................165

　　　　书单二：纽约公共图书馆民意评出的

　　　　　　　　"世界 100 本最棒儿童小说"（2010）..................................170

　　　　书单三：Scholastic 公司评出的 100 本最佳童书书单..................................176

　　　　书单四：美国纽伯瑞儿童文学奖获奖书目（1922–2014）..................................180

附录三　词汇表.........................................................................190

　　词汇附表一　孩子应该记住，一看就能读的常用英文单词

　　　　　　　　——sight words.................................................190

　　词汇附表二　测测孩子的阅读水平相当于美国几年级

　　　　　　　　——圣迭戈阅读能力快速测试..................................192

　　词汇附表三　如何估算孩子的词汇量达到几千词

　　　　　　　　——14 thousand 工具.........................................194

附录四　壮壮（Gary）的英语学习路线图..................................209

后　记.......................................................................................213

# 第一章

## 英语学习，家长不可不知的"二语习得"理论

总的来说，我认为中国孩子的英语学习有两条路：一条"外语学习"之路（即传统的英语教学法），一条"二语习得"之路。"二语习得"是局限于学术界的一个名词，尚不被普通家长所熟悉。很多人听说过"母语学习法"，还有"建立英语思维"，我觉得这些说法都不如"二语习得"这一专业术语准确。生活在以中文为母语的单一语境里，我们无法把英语当母语来学，我们所学的只能是二语或外语。而"建立英语思维"这一概念又太简单化，无法涵盖整个语言习得过程。在这本书中，我建议家长们试着接受"二语习得"这一专业术语，从比较专业的角度来看待孩子的英语学习过程。

"外语学习之路"和"二语习得之路"有什么区别呢？我认为它们是培养"业余选手"和"专业选手"之间的区别。"业余选手"的英语水平，我们家长都心知肚明，我们这一代已经深受其苦。如果您为孩子树立了"双语儿童"的目标，想让他／她的中英文齐头并进，如果您计划让孩子将来出国留学，那就要按"专业选手"的路子培养孩子，即走"二语习得"之路。如果您没有这么高的目标，也不妨多借鉴这里面的方法和路线，根据自己的条件进行取舍，让孩子有相对的英语特长。

## 一、英语"学"、"习"大不同：区分学得和习得

同样是在国内学了 5 年的英语，让我们来看看几个孩子达到的不同程度：

- 豆豆，在北京土生土长的 8 岁男孩，3 岁起跟随外教学习英语。家长并不精通英语，但是为豆豆提供了大量视听材料和原版书籍。豆豆酷爱阅读，进步神速，8 岁时英语已经达到了 CAE（剑桥通用五级的第四级）程度。英语阅读水平达到美国本土 8 年级水平，在阅读方面超越 99% 的美国孩子，令人惊叹。

- 天一，11 岁的北京男孩，从 1 年级开始学英语，主要跟随机构学习剑桥课程，刻苦用功，坚持不懈，在 5 年级通过了难度很大的 FCE（剑桥通

用五级的第三级）考试，被重点中学录取。天一的中文阅读很强势，阅读量很大，而英语阅读量较小。据他妈妈说，天一由于一直学习应试英语，考试行，说和写这些输出能力就不太行了。

- 龙龙，家住某省会城市的 13 岁男孩，3 年级开始学习英语。家长一直给报课外班，学《新概念英语》第二册，没有间断过学习。龙龙忙于应付小升初和上初中后的各种课外班，没工夫听英语，也没工夫读英文书。学了 5 年后，看不懂像《小乌龟学美语》这样的儿童动画片，也无法阅读英文章节小说。

- 乐乐，家住某二线城市的 12 岁男孩，2 年级开始学习英语。家长重视英语，一直给他报课外班，但由于当地小升初压力不大，课外班的学习速度十分缓慢，学了 4 年只重听说的儿童英语后，终于在第五年，开始学《新概念英语》的第一册。

这 4 个男孩都属于学校里的好学生，各科成绩均名列前茅，在智商方面没有太大的差异。然而由于走了不同的学习路线，5 年后的英语学习成果迥异。用表格总结一下 4 个孩子的水平差别：

| | 听说水平 | 读写水平 |
| --- | --- | --- |
| 豆豆 | 能够流利交流 | 超越美国同龄人，8 岁达到美国 8 年级水平 |
| 天一 | 能够进行基本的交际 | 阅读落后美国同龄孩子两年左右 |
| 龙龙 | 听说不行 | 只能读分级读物，水平相当于美国小学 1 年级 |
| 乐乐 | 只会课本里的句型 | 只有美国学前班（K）水平 |

用表格总结一下 4 个孩子学习方式的差别：

| | 课外班 | 在 家 |
| --- | --- | --- |
| 豆豆 | 跟随外教学习 | 看英文动画片，大量阅读 |
| 天一 | 跟中教学习剑桥课程 | 课外英文阅读量比较小 |
| 龙龙 | 学《新概念英语》 | 几乎没有课外听读 |
| 乐乐 | 学《Go Go 学英语》和《新概念英语》 | 没有课外听读 |

　　如果我们深入分析这些孩子的学习方式，不难看出造成他们巨大差别的原因，主要在于家庭里开展的听和读上。课外的听和读属于"习得"。有没有"习得"，是问题的关键。

　　现在让我们来学习一个重要的理论，区别一下两个概念："学得"与"习得"。

　　"学得"（learning），就是有意识地学习和研究一种语言。比如，中国传统的英语教学方法——"语法翻译法"和"情景法"，学习的核心是语言形式（language form），学教材，背单词，学语法，是典型的"学得"。

　　"习得"（acquisition），指通过大量接触和使用，潜移默化地学会一种语言。比如，小孩获得母语能力，是一个自然而然的潜意识过程，并没有经过刻意的、按部就班的学习，这一过程就是"习得"。

　　第一个孩子豆豆，从小跟随外教学习，大量听（家庭里看动画片），大量读（家庭里自由自主阅读），沉浸在一个英语小环境里，属于长时间的"习得"。虽然他从没有背过单词，也没有学过语法，但他靠"习得"达到了相当高的语言水平。而第四个孩子乐乐呢，从始到终只有在课堂上的"学得"，"习得"完全没有。加上"学得"的质量也不太高（师资和课程设计问题），所以他的水平就最弱。

　　我们不难看出，中国孩子英语学得好不好，关键就在有没有"习得"，有多少"习得"的成分。因为"学得"通常指有意识的课堂学习，这意味着孩子的年龄越小，无意识的"习得"就越重要。

　　区别"学得"与"习得"，对于中国人学习外语来说有重大的意义。它如同明镜高悬，可以看清和判断各种教学法的利弊；它又如一个指南针，可以用来指明孩子的英语学习之路。

## 二、中国孩子区分学得和习得的重要意义

### 1. 英语学不好，主要是缺习得

"二语习得论"产生于美国，但该理论对于"学得"和"习得"的区分，对中国人的学习尤其具有振聋发聩的作用。试想，如果语言学习存在"学得"和"习得"两种方式，那么中国人学不好外语，是否是少了"习得"的原因？绝大多数学习者都在学课文、做题和考试中循环往复，埋头苦学，很少有人把精力投入在听故事、读小说等无意识的习得上。英语从小学一直学到大学，在"学得"上花了很多工夫，在听说读写各项技能上却均达不到理想的程度。在学校教育和家庭教育中，"习得"均没有受到应得的重视。

### 2. 轻"习得"是因为受汉字和应试教育影响

中国人重"学得"而轻"习得"，主要是受汉字影响和应试教育影响。

当今世界广泛使用的文字中，汉字是唯一的非拼音文字。汉语中"字"和"音"的不对应，使中国孩子在习得了汉语听说之后，还要费劲地"学"一套和语音没什么关系的符号。在很多中国人的理念里，"识文断字"才是学习，不学"认字"，就不是学习。所以读印刷在书里的"字"，被家长认为是最重要的。由于受汉字学习影响，很多中国家长认为英语学习也应该从字母学起，从一开始就要学课文、念课文。英语学习里的"听说领先"、"听力打通了再读"等理念，尚未推广到一般家长的意识里去。其实，对于英语这样的拼音文字来说，"音"的习得是不可或缺的第一步，"字"只不过是对"音"的"记录"罢了。有了音，才能阅读。那么如何对"音"进行获取呢？是使劲地"学"——跟读、背诵，还是大量地听？答案显而易见：当然是大量听的"习得"更容易、更有效，想想我们中文的"听力"是怎么得来的吧。

另外，国内应试教育也促进了"学得"，削弱了"习得"。学什么考什么，只考课本内的内容，学生们当然围着课本转了。课堂之外的习得被边缘化，无人

重视。到了应用之时，学生们往往发现，自己会的那点儿课文上的句型，干巴巴的，捉襟见肘，根本不够应付日常对话；自己苦背学来的那点儿单词，既不够看懂原版电影，也不够看懂原版小说。

### 3. 缺少"习得"理念，导致儿童外语启蒙总是走"学得"的弯路

由于在大多数中国人的理念里，外语只能学得，所以对儿童的外语启蒙，也总是走"学得"的道路。比如，让刚接触外语的儿童去学一套教材，听说读写齐上，并从一开始就学习语法。这么做，严重违反了儿童学习语言的规律，放弃了儿童与生俱来的、比成年人强很多的"习得"优势，而用他们所不擅长的"学得"方式费劲地学习，弄不好会毁了儿童学习外语的兴趣。

## 三、习得才是最适合儿童的方法

### 1. 理论基础：习得即 the natural way（自然法）

"二语习得"是外语教学界的一个重要的研究方向，至今已有40年的历史。"二语习得"理论是在研究"儿童习得母语的过程和原理"的基础上提出来的，早期的研究者称其为 the natural way（自然法）。

研究者们发现，儿童都是习得语言的天才，放在什么环境中，都能轻而易举地习得那个环境里的语言。那么，儿童是如何成为语言高手的呢？尽管他们所接受的语言是有一定控制的，但他们没有"有意识"地被人教过，也不是"有意识"地学过。他们和成年人（通常是父母）之间的语言交流是伴随着真实情景的，他们使用语言的能力来自于大量的、无意识的交流，他们通过"自然的吸收"掌握了语言。因此，我认为"二语习得"理论是目前最值得我们家长去了解的学习方法。

## 2. 生理基础：习得符合儿童大脑发育机能

儿童的大脑决定了儿童是天生的语言习得者。我们成人的大脑已经"侧化"，分为左脑和右脑，有了固定的功能分区。而儿童的大脑具有可塑性与弹性，一切皆有可能。语言是怎么获得的呢？语言的建立是以脑细胞之间的链接作为前提条件的。比如，听到 water 这个词的发音的脑细胞，要和主管"水"、"一杯水"、"海水"、"喝水"这些形象和概念的脑细胞建立起链接，人才能理解语言。儿童大脑具有强大的可塑性，在语言处理过程中，可供链接的细胞数量更多也更为活跃，因而孩子较成人更易习得语言。

小孩子习得而来的语言，会直接储存在大脑的"语言区"。有研究表明，如果小孩子的第二种语言是 5 岁以前学的，第二语言会和母语储存在大脑的同一区域。十一二岁才学外语的人，大脑中两个语种在负责说话的语言区中是分开的，可明显分辨两个不同的语言分区。在使用其中一种语言时，该语种语言区是活跃的，而另一语种的语言区是关闭的，反之亦然。10 岁以上才学外语的人，在使用外语时，除了语言区外，还使用了大脑的其他部分。这意味着儿童时期学习外语，最有可能运用和母语一样的机能，也最有可能达到接近母语的程度。

为什么儿童的大脑最适合学习语言呢？我们还可以用进化论来解释。远古人类在年龄尚小的时候，迫切需要学习语言，以便从成年人那里学习经验和与同伴交流。大脑的一切都为学习语言而服务。到了青春期，默认语言学习已经完成，无需再为生成语言功能占用太多大脑的能量，大脑就转而服务于发展逻辑思维等功能去了。

## 3. 学习方式：习得是儿童学习特点

小孩子学外语要重"习得"，还因为在学习方法上，儿童倾向于"隐性"的学习方式。

"二语习得论"把语言知识分为显性（explicit）知识和隐性（implicit）知识。

显性知识指 "知道什么"（knowing what），我们从课本上学来的知识，基本都是显性知识。而隐性知识是"知道怎样做"（knowing how），指经验、能力，如骑车啦、游泳啦。

显性知识与隐性知识的区别在于：

1）二者储存在大脑的不同区域。即我们关于语言的"知识"和运用语言的"能力"储存在大脑不同的地方，这一点很令人深思。我们看过这样的电影，电影里的人，大脑受到了撞击，不记得自己是谁了，但他还会说话！这说明他大脑的"记忆区"损坏了，而"语言区"还是好的。而这也从侧面说明了，语言并不是依靠记忆的"知识"。

2）对显性知识（如外语的语法）的处理需要付出努力，而对隐性知识的处理是自动化的。对比之下让我们太有感触了，当外语还是学来的"知识"，而不是运用"能力"时，与外国人说话，我们吭吭哧哧、抓耳挠腮地不少费劲！而我们说母语时，"想都不用想"。外语运用是否自如，取决于是怎么学的。

3）显性学习是有意识的、主动的学得；隐性学习是无意识的、凭经验自动进行的习得。"学得"靠毅力和自律，要"好好学习，天天向上"；而"习得"则不用靠毅力，不知不觉就会了。

4）隐性学习不受智力影响，比如，绝大多数人都能够习得母语；而显性学习则刚好相反，比如，只有那些具有较高语言分析能力的成年学习者，才能达到或接近母语者的水平。外语学习如果及早学、隐性地学，根本就不需要高智商！但如果学晚了，或者方法不当，还是需要依靠智商的。

总之，家长们最需了解的事实是：儿童在语言学习中，倾向于吸收隐性知识，隐性学习能力很强。比如，虽然儿童没有学习过语法，但他们有一种天生的能力：会从语言使用中自动统计出概率，从而使用正确的语句，还能根据自己总结出的规律，创造出新的语言。再比如，儿童不会分析语法，总是"囫囵吞枣"地把语言整体储存，"整进整出"，这加快了大脑的处理速度。

人到了青春期后，会逐渐丧失仅仅依靠隐性机制就能成功学习语言的能力。成年人学习外语，侧重于规则运算，像做数学题那样解决问题，更多使用显性知识来分析语言输入的各构成成分。分析来，分析去，耗费了很多的认知注意力，减缓了语言处理速度，阻碍了语言学习。语言中还有一些成分难以通过显性学习获得，比如语音，所以成年人的语音大多学不好。

儿童通常采用隐性学习方式习得语言，因此，在外语教学的过程中，教师应当给儿童提供自然真实的语言输入，让儿童在课堂、生活中通过与语言的接触，潜移默化地习得外语。而针对成年人开展的外语教学应该更为显性化，系统讲解诸如构词规则、词语搭配、语法等知识，促使成年人系统地学得语言。反过来说，对儿童讲语法，让儿童背单词，是不对的，儿童不善于显性学习，不能逼迫他们用不擅长的方法学习，而放弃他们的隐性习得强项。

## 四、习得时代家长的任务

一些家长和老师认为：中国孩子无法进行二语习得，因为我们没有环境。其实很多人没有注意到的是：时代变了！网络时代的资源比任何时候都要丰富，新一代的家长们也今非昔比，普遍有说几个单词、说几句日常英语的能力。事实上，我们完全能够创造二语习得的人为环境！

### 1. 创设家庭迷你环境

儿童的语言习得优势在生活中，在自然语境中。社会没有环境，但家庭可以创造迷你环境。如果父母能全力投入，营造轻松愉快的英语学习环境，每天保证有一小时左右的时间，让孩子沉浸在英语语境里，孩子也能够做到习得！

那么，如何在家庭中创造习得环境？

建立全方位的英文环境，我认为最重要的四项内容是：家长说英语，看动画，听故事，读原版书。

### 家长说英语

如果家长具有英语对话的能力，并且语音标准，这种家庭最容易做到习得。家长英语不好也没关系，只要有蹦单词和说简单句型的能力，就可以做孩子最初的英语启蒙老师。在启蒙阶段，家长可以通过"名词指着说"和"动词TPR"两种方式（详见第四章），在家庭的实际场景中对孩子说英语，让孩子接触到最初的英语词汇，然后过渡到说词组和句子。当家长感到"词穷"的时候，就转为给孩子念分级读物，或者一边看书一边听录音，分级读物念完了，可以给孩子报外教口语班，把说的主场搬到课外班。

### 看动画

孩子从3岁起，每天看原版动画片20分钟，坚持看到6岁。孩子上学后，改为偶尔看电影。

### 听故事

MP3播放器是习得的利器，必不可少。孩子上学后，用眼需要控制，英语通过学前的积累，也有了一定的听力词汇量，习得的重担就要落在MP3播放器上。在家大量听有声书（audio books），循序渐进，长期坚持。

### 读原版书

让孩子大量读原版书，循序渐进，从薄薄的分级读物看到厚厚的章节书，广泛涉猎，长期坚持。贯彻自由自愿读（free voluntary reading）、持续的默读（sustained silent reading）原则，让孩子自己选书泛读。

如果能够做到以上几点，再利用其他资源，补充一些锦上添花的东西，比如说，在家听英语童谣，唱英语歌曲，做英语游戏，看flash动画，看网上那种能够点击发声的PDF读物，到一些网站上阅读有用的信息，用一些有趣的电脑软件学

习英语，利用寒暑假到英语国家旅游，让孩子在多种多样愉快的方式中沉浸在英语环境里，尽可能多地提供给孩子学习和运用英语的机会，习得就水到渠成了。

在第四章中，我将详细介绍针对各年龄段的、创造习得环境的做法。

## 2. 网络时代，家长要善于利用资源

互联网展现给我们家长的，是极大丰富的内容（其中绝大部分都是免费的）。曾经有一本书叫《不花钱学英文》，其实，不花钱的何止是书中列出的那些网址呢！

网络上能够找到的免费学习资源包括：

- 英文歌曲

- 有声书 MP3

- 广播节目

- 电视节目

- 电视剧

- 电影

- 各种讲演录像

- 互动学习网站

- 教材 PDF（可点击发声）

- 读物 PDF

- Flash 动画

- Podcast

- 论坛中各类孩子的学习记录

■ 各种推荐书单

需要付费的内容有：

■ 网络外教课（与地面培训班相比，价格低廉）

■ 网络书店（比在国外购买原版书、原版音像资料还便宜）

■ 网络图书馆（可以借书）

家长一定要做有心人，为孩子收集到尽可能多的学习资源。当家长为孩子推荐的时候，让孩子有选择的空间（have the luxury to choose）。我经常听到家长说，孩子对英语学习缺乏兴趣，我的想法是：家长没有给孩子找到合适的、感兴趣的东西。如果仅仅是让孩子背课文，听课文的录音，那孩子肯定很难产生兴趣。英语的世界是那样大，我们学英语就是为了开阔眼界，人文的，科普的，多得难以计数的文学作品和电影电视，让孩子沉浸其中，享受学习的快乐吧。

知识板块

## 家长要知道的"二语习得"主要观点

儿童学习外语要重"习得"，"二语习得论"是最值得中国家长去了解的理论。让我们来看看，"二语习得论"对我们培养孩子有哪些有用的观点。

### 1. 无意识的输入成果大于有意识的学习

无意识的输入才是习得，有意识的学习叫学得。习得的效果比学得的好。

习得是无意识的吸收，是一种隐性的学习。孩子的关注点，只是语言的"意思"（meaning），他听的和看的，是语言所传达的信息，而不太关注语言结构和词汇。通常严格意义上的二语习得发生在目标语环境中，比如一个从中国移民到美国的小孩，每天处于英语的自然交际环境中，他会习得第二种语言。这个自然环境有如下四个特点：1）真实语境，2）交际需要，3）大量接触，4）交流互动。能否习得的重要条件，就是能不能模拟这种"处于目标语中"的环境。

比如，家长在日常生活的真实语境中跟孩子用英语对话，找机会让孩子和外国友人对话，上外教课，看原汁原味的英语电影和动画片，听英语故事或歌曲，自由阅读英语书籍，大量听读，没有学习任务，没有考核，孩子就可以做到"习得"。在实践中，我的孩子Gary每看完一部动画片、每听完一本小说，我都发现他的词汇量又有了增长。

但是，如果家长把看英语电影当作一种学习任务，要求孩子一句一句地跟读，就不是习得了，而是一种有目的、有意识、比较枯燥的学得。自由阅读原版书是习得，但如果家长要求朗读和做题，也就变为了有意识的学得。

这里做"习得"和"学得"的区分，不是说学得和操练不好，而是提醒家长们注意：习得是无意识的获取，效果更好，也更适合低龄儿童。

### 2. "听、说、读、写"顺序不容颠覆

"二语习得论"的重要观点是先大量听，获得必要的输入。在儿童阶段尤其应该如此。英语启蒙是"英语声音的启蒙"，首先要建立孩子的英语语音体系。从语言学习的角度来说，就是要建立"声音"与"图像"或"情境"的直接对应关系，这种对应关系不借助于文字。对应得越好，英语就会越流利。

我认为3-5岁不要让孩子学阅读，更不写字，甚至不学 ABC 字母都没关系，就是大量听，先让孩子理解声音。这同母语的习得是一样的，6岁再学认字并不迟。听说领先，对英语这种拼音文字尤其适用，因为英语单词的拼写和它的发音密切相关，孩子先理解了声音，会为后面的认字、阅读打下非常必要的基础，事半功倍。

"听-说-读-写"按顺序来，好像是老生常谈了。但在实际操作中，经常能看到违背这一规律的做法，比如：在启蒙阶段就让孩子跟读、背诵，甚至以阅读为主展开教学。不尊重儿童的沉默期，逼迫儿童开口，越过听说直接进入阅读，这些做法都是有害的，会影响孩子对语言的习得，造成哑巴英语、丧失学习兴趣等种种问题。

### 3. 遵循 "i+1" 的可理解性输入原则

"可理解性输入"是"二语习得论"的核心观点，原则是"i+1"。i 是自己的现有水平，+1 就是在这基础上只加一个 1，只加一点点的新知，以达到"可理解"（comprehensible）。输入要可理解，这是一个多么朴素的道理啊！英语学习是个长期的、循序渐进的过程，教育工作者在给学生选取材料时，如果不能贯彻"可理解性输入"原则，所加的东西过多，大大超过学习者的理解能力，那就会像噪音一样达不到任何效果。比如，从现在开始，有人要求你学阿拉伯语，他天天都放阿拉伯语的新闻给你听，即便听上一年，你也不可能学会。教育工作者在编教材时，要特别注意用旧语法呈现新语言，用旧语言呈现新语法，循环复现，螺旋上升，可以说，"i+1"已经是教育界的共识，是教育者共同遵守的原则。然而，社会上的各种速成法的宣传可不管这一套，比如某位倡导读原版书的老师，号称英语零起点的小学生也能跟他读原版章节书，在我看来，这不是"i＋1"，而是"i＋1万"。

学习者所接触的"可理解性输入"的量，对语言习得具有重要影响。我们的重点，应该紧紧围绕如何让学习者接触大量的语言输入。尤其是在中国这样的单语国家，有意识地通过听、读以及多媒体等各种方法获得丰富的语言输入，是语言习得的重要途径。

### 4. 语言输入要大量、有意义、有兴趣

"二语习得"的学习方式和学习材料的特征是"大量、有意义、有兴趣"。

"大量"指二语习得需要大量的接触和运用，需要时间。而且，需要一定时期内集中的时间投入。如果一周只学习两小时，即使学

了十年，也不会有理想的效果。"一万小时理论"说的是任何技能，要想学到登峰造极的程度，都需要一万小时的时间投入和"深练"。学外语也不例外，学到"同声传译"的水平，恐怕也得一万小时。但大多数人用不着学到这个程度，要达到熟练运用的目的，学习三到五千小时还是有必要的。习得没有捷径，唯有大量、坚持接触。用来习得的材料也要有一定的量，要为孩子准备大量的泛听和泛读材料，只学教材或者只精读一本小说，是无法做到习得的。

"有意义"和"有兴趣"，说的是二语学习者必须要对习得的材料感兴趣，能听得懂，看得懂，知道说得是什么，愿意再听或读下去。孩子用情感判断什么有意义，什么无意义。这两种信息在大脑中是被分别储存的，有意义的东西不需要反复背诵，就能够被重新回忆起来。但如果孩子的情感判定内容没意思、没意义，那么就像有一个过滤器一样，咔，把什么信息都挡住了，进不去！学龄前儿童的注意力只有 15 分钟左右，如果情绪让大脑抵制强加于它的无意义的东西，那么吸收（intake）就可想而知了。所以说，情感最终影响语言习得的效果。习得是在不知不觉中，在非常愉悦的、没有压力的情况下发生的。

### 5. 尊重沉默期

沉默期是儿童二语习得的正常现象。有些家长和老师总是鼓励学生从一开始就积极交流、做口语练习，这样做对学习者是有害的。"二语习得论"认为，无论成人或儿童，在掌握外语能力的过程中，都应该有一个相当长的沉默期，一般是 6 个月到 1 年。在学习者能把大量的内容逐渐内化，达到一定思维能力和有足够的自信前，不应该开口说外语。渡过沉默期后，有计划、有步骤的输出才可以开始进行。如果跳过沉默期，在外语听力还很低时，过早用外语交流，有可能造成口语的"石化"，停留在一个水平不再提高。所以，家长们要对沉默期有耐心，启蒙阶段不要着急让孩子说外语。外语"说"的能力，要比"听"来得慢得多，而且它是自然到来的。听得多了，孩子自然就会说了。

### 6. 珍惜语音关键期

过了青春期再学外语，学习者的语音就很难达到与本族语相当的语言水平，外国腔很难避免。这一点很好理解，就像小时候没练过劈叉，大了骨头僵硬更难劈叉一样，我们的口腔肌肉和舌头，如果已经形成了母语的发音习惯，就很难再改变发音位置，把外语的音发准。从这一点说，外语的语音是"童子功"。我认为即便是为了语音这一项好处，从幼儿开始学习外语也是值得的。

### 7. 儿童母语迁移较少

在第二语言的学习中，母语迁移是不可避免的。儿童学习外语的另外一大优势在于：儿童的母语还没有根深蒂固，在自然语境中习得第二语言时，负迁移现象很少。这意味着儿童学习外语，不太会有成人那种"Chinglish（中式英语）"的毛病。

二语习得理论的这些研究成果，对家长辅导孩子学习外语，有着重要的指导意义，是这本书的理论基础。这些观点不是某个业余的人提出来的，而是40年来众多学者经过钻研论证的科研成果。在这种集体智慧的指导下，家长们可以放心地实践。

# 为什么中国孩子英语学不好

　　作为外语学习者，我们这一代的家长大多都有一定的学习经验，对外语应该怎样学，也有一个大概的看法。其实，外语学习别无妙招，只有多听多读而已。就像减肥，只有少吃多运动是真理，其他的各种花招，多数是骗人的，有些甚至是有害的。对各式各样以人名命名的学习法，都应报以谨慎的态度。另外，科学研究的方法告诉我们，个例因为存在太多个体差异，不能说明问题，只有建立在大规模实验、以数据为依托的研究成果基础上的方法，才是值得借鉴的方法。

　　具体到个人，外语怎么学成的都有。比如，有人拼命背《新概念英语》，有人花大量时间听写广播英语，有人看美剧，有人精读原版书。但如果我们追求"高效"、"快乐"、"符合儿童生理心理成长规律（适龄）"、"最短路径"、"性价比"等目标，肯定有一种最佳方法。那么，什么是儿童学外语的最佳方法？什么是专业人士推荐的方法？对于这一问题，语言学和教育学界没有异议，它就是"沉浸法"（immersion）。即为儿童创设语言环境，让儿童在其中浸泡，通过内隐式学习，无意识的学习，"习得"外语。

　　沉浸式的习得法（二语习得法）是儿童学习外语的最佳路线——路径最短，最有效，成果最好，过程最轻松无痛。这种方法不是某个人发明的，而是外语教学界无数专业人士经过认真研究达成的结论，最值得向广大家长推广。

　　如果我们围绕"习得"、"环境"、"浸泡"这些朴素的标准来审视各种教学法和概念，其中利弊，将一目了然。下面，我们来分析一下外语学习中的一些误区。

# 一、课堂不是有效的习得环境

## 1. 对于大城市及发达地区的学生来说，国家英语课程标准要求极低

　　在中国，学英语的失败例子大量存在，没有学成的人更多。2013 年 10 月，北京颁布新高考、中考政策调整方案，引起了比较大的社会反响。对于降低英语在中、高考的分数比重，英语退出统考，北京的小学 1、2 年级不再开设英语课等措施，网上民调有 70% 以上的支持率，可见基础教育阶段的英语教学问题重重，不得民心。

其实，我国的国家英语课程标准，相对于其他非英语国家对英语水平的要求，制定得已经很低了。对于大城市及发达地区学生来说，可以说要求极低。比如，我国的英语课程标准要求小学毕业生掌握 600 至 700 个词汇。也就是说，我们的孩子从 1 年级到 6 年级，整整 6 年里只学了 600 多个英语单词。到 12 岁，中文已经能读任何章节体小说，英语却只有母语国家学前班水平，几乎什么也不能读。中国之大，师资匮乏，国家课程标准当然不能定得太高，可以理解。然而，即使是这么低的要求，还是没有学好：初中的老师普遍反映，小学毕业生水平参差不齐，水平差的学生连 26 个字母都没学明白，以至于中学还是倾向于采用零起点教材，从头学起。"一条龙"衔接小学英语的教材，竟然卖不出去。

## 2. 课内"费时较多，收效较低"

同其他国家相比，中国公立学校的英语教学存在"费时较多，收效较低"的现象。比如，原来北京等大城市从 1 年级开设外语，每周最少两节课，那么到小学毕业，学生们共上了至少四百多节英语课，如果我们拿 600–700 词的词汇量的出口再衡量一下，那么每堂课学生只学了不到两个词，实在可怜。可以说，中国的英语课是很低效的。费时低效有很多原因，我想主要的原因是最适合儿童的"沉浸式"教学法，还没有在中国实现。师资、教学法、考核方法、教材、读物都有问题。师资方面，能够在课堂上运用全英文授课的教师还不多，学生在课堂上获得的听的输入量非常有限；教学法方面，最落后的语法翻译法、机械操练句型的情景法还占据着课堂；考核方面，应试教育的指挥棒使外语教学的焦点集中在拼写和语法上，大大束缚了学生对于语言运用能力的掌握。教材方面，课标和课时的限制使教材上呈现的语言非常有限；读物又几乎是空白，更属于"课外"范畴，被排除在课堂之外。我们都同意，外语教学最关键的就是输入，而输入就是听和读。初级阶段有效的教学，应该把大量的时间放在听和读这两项上，使学生尽快获得大的词汇量和流利度，而不应局限在一本教材，更不应把主要精力投放在语言结构的准确性上。造成"费时较多，收效较低"的罪魁祸首，是课堂上语料有限的低水平重复和以语法为导向的教学和考核。

### 3. 公立课堂不是有效的习得环境

习得是儿童学习语言的最好方式，但是，我们公立学校的课堂却不是理想的习得环境。这是因为：

1）中国教师为学生提供的输入有限

在小学课堂上，中国教师为学生提供的英语输入不多。除了一些课堂用语、课文讲解和课堂活动，很多老师由于自身水平的限制，不能够再为学生提供其他内容，比如关于话题的、有关情境的、有关背景知识的英语输入。能采用全英文教学的老师非常少。

2）来自教材的输入也不多

首先，教材里的句型都是最基本的；其次，为了配合45分钟的课时，教材在一堂课中不会呈现很多内容，每堂课的目标通常只有几个单词、一两个句型和个别歌谣。

3）输入让位于"操练"

传统课堂强调知识性、操练和记忆。教师占用大量课堂时间，通过各种手段操练很少的单词和句型，追求即时的效果，要求"当堂掌握"。在这种情况下，学生得到的输入可能只有可怜的10分钟。由于缺乏大量语境的支持（各种场景、情感、语气和语调），孩子只能接触到词汇和句型的一个侧面，无法充分习得词汇和句型。长期进行这样孤立单一的语言接触，孩子无法在脑中将相关神经元进行链接，也就无法真正在大脑中形成语言区。

4）活动和游戏占据输入时间

对于低龄学生来说，对机械操练是天然抗拒的，为了吸引孩子的注意力，教师经常依靠各种各样的活动或游戏，来保持孩子的兴奋度。可问题在于，依靠形式来争取孩子的注意力，孩子会很快变得"审美疲劳"，或者干脆沉迷于游戏中，而对老师真正想让他们掌握的东西不感兴趣。内容变成了在游戏中需要夹带的私货，手段与目的本末倒置。有时，由于活动和游戏比较复杂，老师们还得用大量的汉语解释游戏规则，这就更影响了课堂输入的效果。

5）儿童学语言的优势在自然语境中

我们都有这样的共识：如果把一组儿童和一组成年人同时送进学校学习一门外语，那么在同样的时间内，肯定是成年人学到的东西更多。但如果把一组儿童和一组成年人同时放于目的语环境中，比如说移民，半年以后，儿童就完全适应了新环境和新语言，成年人则还在挣扎。通常的情况是，半年后儿童成为了成人的翻译。语言学家对这个现象进行研究，做出了很多令人信服的解释。比如成年人之间的谈话经常很抽象、很复杂，对外语一头雾水的成年学习者不能够从没有情境的环境中学到东西。而孩子所处的环境则充满了情境，属于此时、此地范畴（here and now），容易理解。儿童之间的谈话也比较简单，对他讲话的成人更是富有同情心的说话者（sympathetic speaker），用保姆的语气（care-taker speech）跟他说话，因而儿童能够随时随地学习，进步很快。因此，我们可以总结说：学校学习适合成人，因为学校能够模拟社会所不能提供给成人的、符合他水平的、恰当的语言环境，成人的学习能力又比儿童强。而儿童的语言习得优势则是在生活中，在自然语境中。

## 4. 培训机构听课感想：训练机器人

公立学校低水平又低效的应试教学，使很多家长把目光投向私立的培训班，期待孩子能通过培训班不一样的教学来学好英语。培训班的教学理念和教学方式五花八门，普通家长选择培训机构时经常感到迷茫。

我曾去某知名英语培训机构听"剑少一级"尖子班的课。只见十几个活泼可爱的1年级小孩子，在老师啪啪啪、啪啪啪击掌的节奏中，不停地站起、坐下，忙得很。客观地说，这位老师已把中教在语法教学方面的优势发挥到了极致。学生们的注意力牢牢地被她抓住，因为老师引入了竞赛机制。培训学校的分卡起了很大的作用，一表现好就发"分"，这些分能兑换奖品。

上了这个课的小孩，经过大量的操练，考试都能考 100 分了，这可能满足了应试心切的那部分家长的要求，孩子们也上得很兴奋。可是，我发现老师的课堂语言总有小错，有音节方面的、语义方面的，也有用法方面的。如果老师的输入带有错误，那么学生不就学去了么？还有，孩子们总是喊啊、比赛啊，能说多快说多快，其实他们说得含糊不清的地方很多，老师也不管。最重要的是，我觉得学生怎么那么可怜呢？像受操控的机器人、流水线上的被加工品，就那点儿句型练啊，练啊，让我想起一句话："Drill, drill, drill until you die." 课堂上总是在规定的小小范围内练来练去，不见语言所要传达的语义和信息，更不见大量听的输入。句型的唯一性顺带消灭孩子的个性，都成为一个样子、一个模式。这种填鸭式的教学，如何培养一个自主的学习者？

## 5. 习得，主要靠家庭

中国的英语课堂通常不是理想的习得环境，那么，二语习得就主要靠家庭来实现了。用我一位同事的话说，家长要"自救"。家长在家要致力于为孩子营造习得环境，提供习得所需的资源。

在博客、论坛和现实生活中，我发现关于英语学习，家长有各种各样的观点和做法。有的家长认为自己既不懂也不会教，就把孩子送到培训班，在家只是监督孩子做课外班老师留的作业。有的家长认为上课外班"性价比"不高，接送的路上还耽误时间，或者找不到好的课外班，就自己在家教，可是又有点担心，自己的"野路子"是否能适应通行的考试等等。

我认为，在目前的环境下，较好的做法是培训班要送，在家也要有所作为。

首先，孩子的英语要学得系统，听说读写全面发展，必须进入一个有规划的体系进行学习。在这方面，家长很难成为胜任的老师，独挑重担，所以还是得依靠专业性的机构和一套教学体系。

其次，不要希望每周两次的课外培训能创造什么奇迹，在家没有输入和积累，课外班那点时间怎么能够提供足够的输入？我认识一位孩子妈，女儿在外语幼儿园学得非常好，毕业后孩子进了公立小学，一下子没了英语环境。每次在课外班开家长会，这位妈妈都向外教抱怨孩子的退步，可是，这不关外教的事啊！我从这位孩子妈的诉说中，听出问题在于她在家并没有抓听力和阅读，这在我看来，孩子的退步是不可避免的。

在培训班，完成"学得"的任务；在家，完成"习得"的任务。两手都要抓，两手都要硬。孩子越小，习得的比例应该越大，家庭越应发挥更大的作用。我建议在幼儿阶段，习得最好在英语学习的总时间里占到80%以上。上小学以后，要让"学得"的比例逐渐增加，最终在小学高年级（4-6年级）达到1:1的比例，"学得"和"习得"各占50%。

# 二、怎样选择英语课外班？

## 1. 课外班不可少

家庭是习得的主力，然而我认为，给孩子报课外班，通过"学得"学习英语，也是必要的。报班有如下几个必要性：

1）口语课堂提供了一个让孩子输出的环境。输出也很重要。

2）类似自然拼读规则、语法规则、写作这些需要学习的东西，应该在班里学，术业有专攻，老师更胜任。

3）学习中有同伴很重要。语言是用来交流的，因而在一个集体中学习，效果好过"一对一"。

4）课外班的学习通常遵循一个体系，有一定的标准和进阶规划。外语学习体系性也很重要。孩子年龄越大，读与写的比例越高，体系性越重要。

"学得"有必要，课堂学习有必要，但我主张，即使是课堂上的"学得"，也要在学习的过程中，尽量做到有"习得"的成分，实现教室中的习得（language acquisition in the classroom）。只有这样的课堂，才是令我们这些付费的家长满意的、物有所值的课堂。

## 2. 中教 vs 外教，中教的局限性

从"习得"这个标准看，中教就有局限性了。

我旁听过北京几个比较著名的培训机构的中教课。应该说，这几个机构教少儿英语的中教能够代表全国的最高水平了。老师的教学都很活泼，肢体语言很丰富，对学生以鼓励为主，学生的注意力很集中，课堂效率也很高。

但是，中教课有如下缺点：

1）总能听到全英文教学的老师口中的错误，一堂课平均有三四处。这样的错误，或是表达法方面的，或是发音方面的，或是文化方面的，如果积少成多，也很可观了。学生们照单全收了这些错误，这是我难以接受的。举例说，adjective 这个单词，重音在前面，因为老师把重音发在了第二个音节，并不断重复，孩子们也一律学错了。讲音节的时候，老师说：happy 是一个音节，这可能是个口误，因为 happy 明显有两个音节。总结特殊疑问词的时候，老师举例："How is your father? He is tall. How is your mother? She is beautiful." 这种句子不地道，有歧义。学生们举手时，高喊 "Teacher! Teacher!" 这是典型的中式英语，西方人称老师为 Mr… 或 Mrs… ，没有直接叫 teacher 的。再举例说：学生们集体朗读课文时，总是抻着长音，有人形容说这是 sing-song，受中文朗读，尤其是私塾式朗诵古文的影响。这种读法对于以英文为母语的人来说，简直匪夷所思。

2）中教紧紧围绕语法展开教学，英文输入很少，仅限于几个例句，每堂课学生接受的输入量，其实是比较可怜的。更谈不上用英语来学知识了。

3）如果说中教的语音语调有点缺陷的话，那么中教班里同学们的语音语调就更五花八门了，这种影响因素不可忽视。关于这一点我个人深有体会：儿子上小学 1 年级时，我家门口的英语教学机构有送"托管"的服务，为了能有人接孩子放学，我就把儿子送去了。在该机构一周上两次英语课，一年下来，他的英语从中获益不大，但语音语调却受中教和同学的影响很大。由跟外教和原版动画片学来的地道美音变为"中国腔"了。后来听了很长时间原版书，才"扳"了回来。

我认为在孩子学英语这件事上，不能走弯路。让孩子跟外教学，才能在课堂中最大限度地做到习得。当然，前提是孩子已经有了至少1000词的听力词汇量，能够充分吸收外教的输入，外教也是合格的、有资质的老师。

## 3. 把孩子交给专业的人

一个好老师是无可替代的，教材没有老师重要。即使是英语水平很好的父母，也不一定能够成为专业教师。父母很难有精力去设计教案，精确高效地传授知识点。指导自己的孩子，也未必能有教师那样得力。术业有专攻，在教学方面，能超过教师的父母是很少很少的。所以我倾向于把孩子送到有外教的专业机构学习。

示范课、公开课家长一定要听。选择一个专业的外教老师。

## 4. 衡量外教的几个指标

选择一个合格的外教很重要，下面介绍一下我衡量外教教学好坏的几个指标：

1）是否明确交代了这堂课的教学目标，并完成了这个目标。这是衡量一个老师的首要指标。否则，如果仅仅是"瞎聊"，那岂不是所有人都能当老师了？

2）目标固然很重要，但随机的"发散"和发挥也很重要。如果太围绕语言点教学，就同中教差不多了。我旁听过一堂外教课，虽然目标是词汇，但老师并没有拘泥于解释词汇的意思。比如，当讲到 alarm 这个词时，老师根据学生的解释，先是在房间里找烟雾报警器，后来居然讲到了着火时怎么逃生——不能推搡，不能坐电梯等等，配上肢体语言和很多提问，学生们积极回答问题，学英语的同时，又学了安全知识。相对大的语言输入量，是外教的优势，要发挥出来。

3）在高级别阶段，听说读写是否均衡。一堂好的课，四项技能应该兼顾，全都练到。如果是学龄前或是低级别，应以听说为主。

4）老师控制课堂的能力，学生的注意力是否集中。在我儿子 Gary 跟外教学习的几年中，前后经历了 6 个外教。这 6 个外教都挺不错的，各有各的优点。有一学期，Gary 的老师是一位来自英国的小伙子。他具有教师资格证，汉语说得也很好。我听了公开课，觉得还行，教得很认真，Gary 也愿意和他学。但是，这个老师控制课堂的能力有问题。Gary 班上有个特别淘气的男孩，不听这个老师的指挥，总是擅自离座捣乱，班上的男孩也受他影响，学他的样。每次我去接 Gary 的时候，站在教室门口，都听见外教在里面大喊：Guys! Guys! Go back to your seats! 或者喊：Line up! Line up! 因为这个班热闹非凡，Gary 很喜欢，但我还是坚决给他转了班。我觉得，家长花了钱，又很辛苦地接送，课外班必须达到教学目标。如果老师把很多时间用于维持课堂纪律，那么教学时间必然少了。

5）是否有独特的教学手段。外教的强项是游戏的设计。Gary 有一个外教老师，特别擅长把枯燥的语法操练设计成游戏，教学效果很好。但是，我也在别的机构听过很差的外教课。外教设计的游戏根本和教学无关，什么也没练，纯属哗众取宠、浪费时间。所以，家长要听课，要判断。

6）语音是否正确。外教应来自英美国家。选外教课，就是图个语音和表达的"正确输入"。对英音、美音、还是澳大利亚音不用太挑剔，只要是母语者（native speaker）就行。多听不同的口音，对孩子的听力有好处。但要注意的是，在有些不负责任的机构，外教不是母语者，是欧洲其他国家的人冒充的，所以家长要确认一下。

## 5. 选老师，也要选同学

选课外班时，同学的水平也很重要。最好是和孩子水平差不多的，有益于互相促进。据我观察，在一个稍微有些竞争性的环境中，孩子的学习动力和热情、表现欲都比较高涨。我旁听过儿子的外教课十多次，这些课有一个共同的特点，就是热闹非凡。孩子们都非常放松，非常机敏，非常快乐。

### 6. 把孩子交给外教的前提条件：1000 听力词汇量

1000 听力词汇量是上外教课的前提，家长一定要有所准备，再把孩子送到课堂上去，否则效果难以如意。试想，如果孩子的英语水平是零基础，那么即使外教使出浑身解数，孩子一堂课也只能吸收几个句型和几个单词，还面临下堂课来时都忘了的难题，实在对不住您花出去的课时费。但如果孩子已经有一定的听力基础，外教说的基本都能听懂，就能够在愉快的环境里大量吸收语言，并在外教的鼓励下尝试输出，进步会非常快。其实积累1000听力词汇一点也不难，在家说说，读读图画书，看看动画片，听听故事，1000 词就有了。具体作法详见第四章。

## 三、语言学习材料是选择经典的还是孩子喜欢的？

说到学习材料的选择，我看到很多家长满世界找"经典"教材，找"经典"读物。有的家长甚至认为，非经典不可学，充满对话和口语的教材没有思想性文学性、没有背诵价值、不是美文，把孩子胃口搞坏了。

我不同意这些观点。学语言，最重要的是获得交际能力，交流是第一需求。充满对话的课文正是满足这第一需求的。如果对语言有"美"的追求，那是第二需求，是解决了交际问题以后，更高层次的追求。对于才学了几年英语的儿童，当然不能用"美"来要求教学材料。

我不理解为什么有人会质疑"生存英语"。质疑者的观点似乎是：学这些生存英语，在中国的汉语语境里一点用也没有，还枯燥，不如去背美文经典。但是，对于孩子来说，一切皆有可能，谁知道将来他们会不会出国，会不会有机会和外国人交流呢？一旦有交流的需要，生存英语就是最基本的技能。

教材体系没有经典，最好的课程是因材施教、因地制宜。好老师的重要性高于好教材。

如果老师好，用什么教材都会教得不错。甚至没有教材，用一些零散的材料教我都接受。Gary 所在的培训机构一直不太重视教材，但每个学生有一个文件夹（folder），老师经常会发一些材料（hand-out），每学期都会装订成一个大本（portfolio）。从这些发的材料中，能看出练习的目的，有练语法的，有练阅读的……我认为老师是有清晰的教学目标的，所以并不介意没有教材。反过来，如果老师水平不高，用一些大出版社出的、近 10 年内出的教材，比较可靠。教材的编写凝聚着编者的集体智慧，每篇课文、每个练习都经过精细的考虑和设计，适合教学经验较少的老师按部就班地教学。

语言学习殊途同归，用什么教材学都行。最好的课程是教师发挥创造性和主动性，根据不同的学生因材施教，让学生广泛涉猎。与其选教材，还不如选老师。

关于读物，我认为只有受欢迎的（popular）读物，没有经典的（classic）读物，没有什么读物是必须读的。每个人的喜好不同，你认为好的，别人并不一定认为好。比如说，有的小学生喜欢看《哈利·波特》，有的就不喜欢；有的学生喜欢看《手斧男孩》，有的就不喜欢。有的学生喜欢读幻想小说，有的就喜欢读非小说类（non-fiction），科普啊、新闻啊什么的，而只要读书，就殊途同归，语言能力都会提高，英语都能学成。

可以说，语言是最适合个性化学习的科目，"二语习得"没有什么必须涉猎的经典。学习者完全可以根据自己的喜好，选择自己喜欢的材料。而我们家长，应该做个性化学习的资源提供者。

# 四、强调背诵到底对不对？

中国人爱背，课文都要背下来。这件事绝对是中国特色。在别的国家，学外语最看重的是多听多读，在语境中学习词汇和表达法，没有听说要背的。

中国人对"背诵"外语的热衷和认可，是受我们中国的文字、传统文化和思维方式强烈影响的结果。我觉得这是一个习惯问题，一个资源观问题，一个历史问题，一个应试问题。从学习习惯上讲，学习中文这种象形文字的经验，使中国人认为学习文字就得"死记硬背"，形成了习惯，不会利用拼音文字的优势。从资源上讲，古代中国就那么几篇四书五经需要学，普通学习者的学习材料有限，直到现代，一提起"国学"，很多人都立刻想到"背经"。从应试上讲，古有"八股文"套路，儒家思想又不鼓励独立思维，凡事都引经据典。就学这么点东西、就考这么点东西，那么最经济的做法当然就是背了。至于近现代学贯中西的老一辈学者们也提倡背诵，也有当时资源有限，书籍和音像材料奇缺，只有一个吱哩哇啦的短波收音机可听的原因。在资源匮乏的情况下，充分利用手头的一点资料，恐怕是无奈的选择。什么也没有，他们只好背！在如今资源极大丰富的时代，还背就迂腐了。

背诵从来就不是学习语言的科学方法，没有一种受认可的教学法提倡背诵。我认为背诵是一种落后的路径依赖，是在资源有限的条件下去应试的无奈之举，是把中文学习的历史包袱带到了外语学习中，是不了解拼音文字的学习方式的无知行为，请家长们警醒。

下面让我们来客观分析一下，背课文到底有没有用？

首先，背诵对口语交际无用。除了几个常规句，绝大部分口语交际中的句子，都是根据当时的情景在使用中随机"构建"、发挥的，是从来没有出现过的新句子。口语的很大特点就是"创新"。语言中的各种句子形式多样，变化无穷，根本无法实现把各种句式都背诵一遍。

有的家长和老师认为，如果背下来一些句子，在语言交流时只要对某个句式稍微"组合"一下，"替换"几个单词，就能创造出一个适应当时语境的新句子。可是，在实际交流的短短几秒中，大脑根本不可能有时间、有精力靠回忆一个背过的句式来完成这个临时"替换、组合"的任务，这种背句式去实现交流的想法根本行不通。我们这一代家长，小时候学英语都是背课文的，大量"哑巴英语"的案例，足以使我们怀疑背诵的有用性。

其次，背句子和背文章，对写作有一点用。在写作的时候，有时间、有条件让学生改写背诵过的句子。反过来，学生背诵过的成句，也可以帮助他们校对和修改写作中的语法。

再次，背文章对应试有用。无论是考 FCE，考三一口语，考托福，考 SAT，中国老师对水平不够的学生，都要求大量背范文。水平低是吗，那么背好了，到时候套用！押题押中了，代表老师的水平高，把考试研究透了。然而，这种应试的做法并没有真正提高学生运用语言的真实水平。有很多学生进了美国的大学后听不懂课，做不出作业，参与不了讨论，最后挂科被开除。考试前临时抱佛脚，靠背诵考来的高分低能，肯定不是我们家长所想要的结果。

最后，小孩学英语，最不应该背诵。研究表明，与人们的直觉相反，小孩的记忆力比成年人差。人类的记忆力高峰发生在青壮年时期，越小记忆力越差。我们都知道，4 岁以前的小孩，连长期记忆力都没有，对 4 岁以前的事情，我们成人只有零星的回忆片段。其实，如果家长和小孩一起比赛背古诗，很快就会验证出到底谁的记忆力好这件事。

小孩记忆力差，怎么学外语却比成年人容易呢？这是怎么回事？正因为成年人记忆力好，于是拼命用记忆去学语言，方法错了，所以学起来困难；小孩记忆力差，不使用死记硬背和分析语法这些成年人的学习方式，而是通过情景对应建立脑神经元链接来实现"英语思维"，而且每次只处理很小的量的新内容，所以学起来更容易。

在语言学习过程中，儿童的学习能力并不得益于记忆力，记忆是儿童的弱项。让孩子背诵，违背了儿童的思维特点和学习方式，是在强迫他们使用当前不擅长的方式，却放弃或压制了他们在这一阶段的优势——自然习得。

背课文是中国老师偷懒而采取的一种粗暴的教学手段，如果孩子不反感还好，如果反感就会磨灭孩子的学习兴趣。家长要注意这一点。

# 五、读物不能替代教材

## 1. 教材与读物的关系：骨架和肉

如何看待教材与读物之间的关系，其实就是如何看待"学得"与"习得"的关系、课内与课外的关系。

我认为，不学教材不行，光学教材也不行。

我有一个比喻：教材和读物就好像一个人的骨架和肉，互相依存。教材的作用是建构起语言的骨架。而读物就是骨架上丰满的肉。没有骨架，语言就是一团肉泥，立不起来，张口就是错误。而没有肉，语言干巴巴的，就会那么几句。

我们要用教材搭起骨架，用读物往上面填肉。

教材在课堂上学，读物在家里看。

教材承担"学得"任务，读物承担"习得"任务。

## 2. 不要用读物充当教材

我看到一部分家长在孩子的启蒙阶段，特别重视阅读，拿分级读物当教材，让孩子一本一本地学。

首先，这违背了"听说领先"原则。读分级读物是"读"，"读"应该排在"听说"有了一定基础之后。如果没有听说做基础，或听说训练没有同时进行，光用分级读物当教材来学英语的话，会越学越吃力，因为这违背了语言学习的规律。分级读物进阶很快，复现率又不高，随着级别增高，单词量和句子逐渐增多，会超出孩子的接受能力。其实这样一本一本地学，只能学一本会一本，学几个单词会几个单词，不会有快速、突破性的进展。分级读物里的词汇大多属于书面语言，不能覆盖日常交际里最基本的日常用语，还会造成孩子的交际困难和口语弱项。家长们要明白，外语启蒙的路线，可不只是一条阅读路线那么简单。

其次，分级读物的编写目的是为了训练孩子的"读"（"拼读"和"阅读"

技能），这是一种单项技能，并不能代替全面的、"听说读写＋语法运用"全包括的综合性教材。教材具有体系性，内容呈现循序渐进、螺旋上升，尤其讲究新知识点的循环复现，比分级读物考虑得周到。低级别的教材肯定以"听说领先、读写跟上"的原则来编排，适合启蒙阶段的儿童。即便对"阅读能力"这一单项训练来说，教材和分级读物也各有各的作用，不能互相替代。教材里面的文章适合在课堂上精读和做阅读理解练习，分级读物适合在家泛读。一个解决"质"的问题，一个解决"量"的问题。

读物不能代替教材，应让它们发挥出设计者想让它们发挥的作用。

## 六、英语启蒙用绘本还是用分级读物？

我看到网络上很多妈妈推崇用读英文原版"绘本"的方式，来为孩子进行英语启蒙，对此，我有不同看法。我认为原版绘本不适合作为中国孩子的英语启蒙读物。

"绘本"的原文是 picture book，适合 3－6 岁国外孩子的原版绘本通常是硬壳书，其功能是亲子阅读，即爸爸妈妈读给孩子听。绘本的图画比较精美，作者的文字有着天马行空的想象力；语言也很讲究，有的押韵，有的用排比句，每一本书都有其独特的绘图方式和语言特点，体现着绘图者和作者的匠心。可以说，绘本的图画美、语言美，具有可欣赏性。

"分级读物"的原文是 graded reader 或 leveled reader，是国外孩子上小学后学认字、学独立阅读的读物，适合 5－7 岁儿童。同绘本相比，分级读物的图画就没有那么精美了，因为图画的作用是辅助性的，文字才是它的重点。分级读物具有学习性，通常有一个隐藏于后面的体系，或者从自然拼读（phonics）的角度来编排，或者从词汇的角度来编排，或者从语篇的难度来编排。正因为这个体系性和循序渐进的特点，分级读物的用词和句式是控制的，是按由易至难的原则设计的，由于受到种种限制，分级读物的语言的优美性和趣味性就不如绘本。

图画更精美，语言更优美，那为什么我说英文原版绘本不适合作为中国孩子的英语启蒙读物呢？

绘本如诗歌，分级读物如教材。一个具有欣赏性，一个具有学习性。启蒙时期，当然还是拿教材听、看更合适。等语言积累到一定程度，才能欣赏诗歌。

绘本的用词随意性强，经常出现低频词汇。国外的家长和孩子当然不会在意这一点，因为英语是他们的母语，日常用语早就会了，并且朗读者是洋爸洋妈，当然可以出现一些非"常用词"。而咱们中国孩子，则需要从身边最常用、最基本的词学起，最好这些词还有一定的复现性，不要出现一次就再也不见了，否则就不利于记忆。句式的由浅入深、由简入繁也很重要。好的分级读物，从每页一个字、两个字编起，再到每页一句话、两句话，适合学外语的孩子循序渐进地读下去。可以这样说：分级读物的最低级，大多是零起点，难度要低于绘本。

绘本是单本卖的，每一本和每一本之间没有关系，不容易判断难易程度。有时，一本绘本在词汇和句式方面的难度，甚至相当于分级读物最上端的桥梁书，孩子如果没有一定的英语能力，听都不可能听懂。我始终认为，绘本不可能被排出难易顺序。我听说有人列出了"磨耳朵"的绘本书单，感到特别不可思议。拿来一看，发现是分级读物和绘本的大杂烩。把分级读物也列为绘本，概念含糊了，事情就复杂了，真是说不清楚了。

通常，分级读物都是几百本的套系，用颜色、数字等方式把难度级别划分得清清楚楚，使家长在买书时省了不少钻研的力气，使用起来也能顺利地一级一级进阶。

遗憾的是，分级读物的趣味性不强，每本书提供的输入有限，而且，由于是练拼读和阅读用的，很多原版读物没有音频。所以，单用分级读物作为英语启蒙的手段也是不行的。家长还需动用其他资源，为孩子创造立体的语言环境（最重要的是听），多管齐下，亲子阅读分级读物，只是英语启蒙这个大工程中的一环。

# 七、原版书讲读启蒙法不可取

在互联网上有位李老师，讲读英语原版书。我没有仔细研究其产品与授课内容，只是看了宣传，有一句铿锵有力的宣传语，说 7 岁英语零起点的学生，就可以跟着他读原版小说《夏洛的网》，这一点我不同意。我认为就是老师讲出花儿来，学生也无法通过这种方式得以启蒙，因为这不符合语言学习的规律。

下面我们看一下 Scholastic 公司（美国最大的教育教辅出版社之一）对《夏洛的网》这本书的分级介绍：

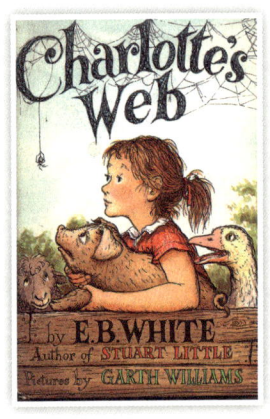

Charlotte᾽s Web

By E. B. White

Illustrated By Garth Williams

Ages: 8, 9, 10

Interest Level: 3 – 5

Grade Level Equivalent: 4.4

Lexile® measure: 680L[1]

DRA: 40[2]

Guided Reading: R[3]

Book Type: Chapter Book

Number of Pages: 192

Genre: Classics

其中，"Ages: 8, 9, 10" 说的是这本书适合 8 – 10 岁的孩子阅读，而李老师宣传的是适合 7 岁开始。

---

[1][2][3]相关术语解释及分级标准对照表请参考本书的知识版块"细说原版，细说分级"及附录部分。

"Interest Level"说的是多大的孩子对这本书感兴趣。"3－5"指美国小学3年级到5年级的学生。可李老师宣传的是中国2年级的小孩都适合跟他读这本书。

"Grade Level Equivalent"是4.4，即年级对应的是美国小孩4年级第4个月，也就是说，大多数以英语为母语的孩子4年级才能够读这本书。当然，这里的"读"指的是独立阅读，与听讲读、跟读还是有区别的。但是，请想一想美国小孩4年级的母语程度和"零起点"二者间巨大的对比。

"Guided Reading"这个阅读分级指标给的指数是"R"。这是一个从A到Z的分级体系。让我们再来想想R在什么位置，前面从A到Q难道都能省去吗？

我倒是觉得3年级时的Gary适合由老师带着精读这本《夏洛的网》，因为当时他自主阅读读到了O级，如果有老师带着读，大概能读R级吧。可他已经学英语4年了，而且强度很大，绝不是零起点。

我们知道，学语言的一条金科玉律就是"可理解性输入"i＋1和"循序渐进"。没人能够挑战这一点。《夏洛的网》属于中级章节书，那前面众多的分级读物、桥梁书、初级章节书都是可以忽略不计的么？跳过这么多步骤，"直取"章节书，我难以相信孩子们能顺利达到理解该书所需的水平。后来我了解到，为了让孩子们理解书的内容，该老师是用汉语逐句解释的，这又与建立"英语思维"的途径背道而驰，放弃了儿童学语言不借助于母语的习得优势。

英语启蒙"听力先行"也是一条不能颠覆的定律，对于英语这种拼音文字来说，从一开始就展开精深的阅读是不可取的做法。

英语学习是一个长期积累的过程，无法速成。该老师挑出3本书:《夏洛的网》、《哈利·波特》、《简·爱》，极其简单地搭了个台阶，似乎要说服大家按这样三本书听他读下去，就从小学零起点直接蹦到大学英语专业水平了（《简·爱》是英语专业读物）。可是在语言学习这个需要积累的领域，"灵丹妙药"、速成大法是没有的。

从"可理解输入"和"循序渐进"角度来看，这种原版书讲读启蒙法是不成

立的。我们还可以从儿童的学习特点来分析一下"讲读原版书法"为什么不可取。

我们不妨把儿童分成小孩和大孩：学龄前到 3 年级为小孩；4 年级到 6 年级为大孩。大孩可以适当采用成人的学习方法。大孩的特点是自律，对趣味性的要求低于小孩，母语已趋于成熟而对外语学习产生强烈影响，需要学习语法知识和写作，逻辑性增强，认知更成熟，从各方面比较像成人了。而小孩，则不能用成人的方法，因为：

1）小孩必须兴趣第一，枯燥、反复、强迫都是学习的死敌。家长要明白，在轻松愉快无压力的环境里学到的东西一定更多，记得更牢。

2）小孩的母语迁移情况很少，正好可以利用年龄优势，大量输入，建立英语思维，在大脑里形成英语语言区，输出不借助于母语，实现流利表达。教小孩英语，母语使用越少越好。

3）小孩学英语，不能打乱听说读写这一顺序，因为小孩学语言有沉默期，有认读困难，在孩子还没有准备好的时候，不能听说读写齐上。

最后，你的经典未必是我的经典。即便运用窄输入（narrow input）的方法，要想运用得好，也必须是自己喜欢的内容。学习的材料是海量的，每个人都可以选择自己喜欢的东西学。拿《夏洛的网》来说，我儿子就对这本书反应一般，不那么热衷。如果你听的版本、跟读的版本和我听到的版本是一样的话——即作者本人朗读，那么，那个音频也差点意思，因为怀特本人的朗读很无趣，根本无法和专业演员相比，跟这个老态龙钟的声音学朗读，也不那么理想。

在读物极大丰富的今天，适合每一个年级的产品都能历数出很多套，我觉得拿适合年龄段的、系列图书（即一个作者写的四五十本一套的那种）更容易实现窄输入。当然，前提还是孩子喜欢。

第 三 章

英语应该怎么学

## 一、英文耳朵是磨出来的吗?

"磨耳朵"是近年出现的新名词,一个"磨"字,容易让人联想到"磨刀霍霍"或"折磨"耳朵,把人往不好的方向带了。我觉得叫"听力输入"更恰当。听英语这么令孩子喜闻乐见的东西,可不是在枯燥地"磨"呀!

另外,这个说法极易产生误导,有些家长把"磨耳朵"理解成不管懂不懂,先给孩子放着录音,"熏陶着"。这就更可怕了,违背了"可理解性输入"原则。不理解的输入等同于噪音,是没什么用的。请想象一下,如果让我们家长听阿拉伯语的广播,在一无所知的情况下,无论听多少遍,熏陶多长时间,也学不会阿拉伯语。有人说,给小小孩(1-3岁)放录音,会让小孩产生比别人强的"听力辨音"能力,但这种说法证据不足。因为没有足够证据表明,这样的小孩比别的孩子外语语音更好,很多孩子从3岁或4岁甚至5岁才接触英语,照样习得了标准的语音。

有的家长认为,如果孩子有一定的基础,比如,能理解录音的一半内容,通过反复收听,连蒙带猜,每听一次都会有一点收获。这样"磨耳朵"的方式好吗?我认为这种学习方式十分低效。在教学法上我不赞成"书读百遍,其义自现"的古训,为什么不让孩子一遍就理解,非得读上百遍?百遍难道不低效吗?网上流传着这样的故事:妈妈放英语小说给孩子听,孩子一开始听不懂,妈妈依然坚持给放,放了不知多少遍,突然,孩子听懂了,从此"开窍",同系列的小说一直听了下去。首先,我对这种故事的真实性有所怀疑。其次,如果换是我,我会搭好台阶,循序渐进,不会让孩子听不懂。最后,我追求台阶越小越好,最好能听懂99%,只有1%不会,这1%孩子会根据语境猜出来,轻松地一遍听懂,一本听完,很快进入下一本。进阶快,输入量大,过程愉快,这才叫高效、乐学。

作为一个家长,我是听力输入的身体力行者,十分重视孩子的听力输入,也收获了非常理想的成果。我儿子 Gary 听英语的量很大:他每天花在听英语有声书上的时间是至少1小时,周末4小时以上,这种做法已经坚持了4年,听过近

800 本小说。假期旅游 Gary 都不忘带上他的 MP3 播放器，平时出门时也是随身携带。吃饭的时候也听，我们家长在吃饭的时候聊天，Gary 总叫我们小点声，因为影响他听故事了。Gary 如此爱听英语故事，不让他听都不行，晚上该睡觉的时候，我都得从他手里"武力"抢夺播放器。平时我只管给他的播放器里拷贝内容，何时听，听哪个，都是他自己做主。有时听完了一本，他就催我赶紧给他拷贝下一本。他小的时候看动画片，也是爱看得不行，到时间了，都得我出马，不顾他的抗议，愣把电视关了，为此我还遭受过小人气愤的捶打。

这一切，都和"磨耳朵"这三个字的字面意思差很远：1）Gary 听英语，是积极主动地听，不是我放录音作背景音乐一样熏陶他；2）他能够理解 99% 的所听内容，不是在低效地磨练耳朵，正相反，他陶醉于故事情节中，时不时哈哈笑，其入迷程度我都不曾想到；3）在听的过程中，他吸收了大量的词汇和表达式，是有效的习得，所听的每一部作品都带来了收获；4）通过听学来的语言不断转换为口语能力、阅读能力和写作能力，大量的听力输入全面提高了他的英语水平。

听力输入的作用怎么强调都不为过，尤其是对于儿童的外语启蒙。听的技能是一切技能的基础，儿童又特别擅长从听中习得语言，让孩子多听，绝对是一条正路。

# 二、语感从哪里来？

语感这个词比较具有中国特色，国内有的老师把它直译成 language sense，有点让人莫名其妙，其实，英语里没有这个说法。

"对语言的感觉"，这个定义下得比较笼统，于是就有了各种各样的解释。"语感启蒙"似乎是在强调语音语调、韵律、节奏这些"音"方面的东西。"靠语感做题"似乎是在强调听力和阅读中的习惯用法接触得多了，就有了对于搭配的频率上的判断和自动化的处理。

不管语感指什么，我们可以看出，它关于输入，关于声音，关于听。

其实，中国人对于语感重要性的模糊意识，在二语习得的理论中，早已有了更直接的表述，那就是听力理解的重要性：Listening comprehension is a key to reading comprehension and written composition.（听力理解是阅读理解和写作的关键。）

公式：Listening Comprehension × Decoding = Reading Comprehension

听力理解 × 解码① = 阅读理解

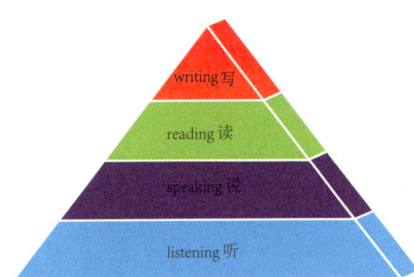

再来看看关于四项技能的金字塔形图示：听力是一切的基础。

世界上大部分的语言文字，都是通过字母符号来"代表声音"或说是"表音的"。目前可能只剩下汉字是"表形表意"的，其他一些象形文字都已经灭绝了。即便如此，中国的孩子也是先掌握了听说能力才开始学汉字。听力仍然是汉语学习的基础。

而对于表音的英语来说，"音"就更加重要了。"音"和"字"密切相关，掌握了解码的本领，就会读、会认"字"了。让我们记住这一点：先有"音"，再有单词拼写。单词拼写是为了记录"音"。

此外，语言的能力本质是"思维声音的交流"，无论你是在说话，是在默想，还是在写文章，当你在构思的时候，脑子里肯定在"叨咕"着语言的声音，而不是在过单词拼写的"电影"。思维是声音。

学习任何一种语言，最关键的都是学习这种语言的声音。

在入门阶段，应该让儿童把主要精力花在对外语声音的掌握上。如果只学听

---

① "解码"能力是自然拼读的一项基本能力。本公式引自（Simple view of reading（Gough & Tumner, 1986））。

说，根本不学认字，孩子会学得快很多，效果也好很多。再加一个认字的包袱实际上是帮倒忙。扩充听力词汇量不需要正规的学习场合。在生活中、在孩子玩耍的过程中就可以随时随地地进行。小孩子坐不住，注意力不集中都不会构成太大的问题。让孩子们先熟悉英语的语音语调，建立图像和声音的直接对应关系。

过了启蒙阶段，听还是不是基础？请看下面这张图：Children's listening comprehension outpaces reading comprehension until the middle school years (CCSS, Appendix A, p. 27)

这张图来自美国新课程标准 CCSS（Common Core States Standards，2010年颁布），可以看出，美国儿童的听力理解能力，在 13 岁以前一直高于阅读理解能力，二者的差距随着年龄的增加不断缩小，但差距一直持续到中学。这意味着，在英语这种拼音文字的学习中，

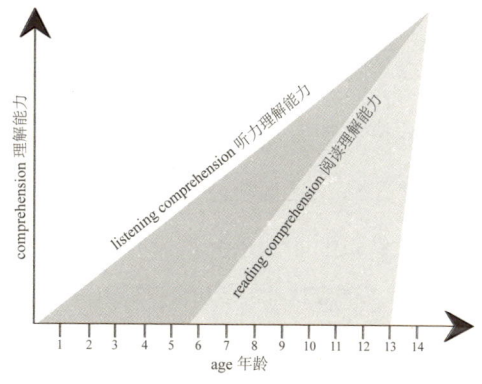

孩子阅读理解能力的上限是他的听力理解能力，就是说孩子能看懂的，不可能超过能听懂的。因此要通过听力难度的增加带动阅读的提升。美国新课标提出的建议是 read-aloud（老师读给学生听）应该一直持续到中学，而不只是在小学低年级进行。

在实践中，我也发现，Gary 的听力水平一直高于阅读水平两个年级以上，即：他在能听 5 年级、6 年级甚至 7 年级的小说时，读的是 3 年级的小说。家长在给孩子准备资料时，应该始终保持听力材料比阅读材料难度大，这是保证英语阅读能力不断提高的有效手段。

因为近视的原因，Gary 听得多读得少，我曾担心他的阅读能力会落后于听力太多。但标准化的阅读考试结果给我吃了定心丸：Gary 的阅读能力在 4 年级时达到了 7.6，即相当于美国 7 年级第 6 个月水平。我能看到，在 3 年的时间里，通过大量地听，他听的能力全面向说、读、写三项技能转化了。Gary 不但获得

了口语大赛金奖，英语作文的写作也有了巨大进步。

回过头来再看如何培养孩子的英语语感？答案显而易见：大量听，一直听，听到中学。

## 三、不能只有精读，也不能只有泛读

把阅读分成精读和泛读，有助于我们分清课内和课外的重点。精读的特点是篇幅短，不会的单词较多，而且有一定的语法教学、语篇教学目的。而泛读，一个特点是内容量大，一个特点是不会的单词少，学生可以自主阅读，实现快速阅读。

我推荐的做法是把精读交给教材、交给老师。家长最应该关心、最应该做的，是让孩子在课外大量泛读。

教材里的文章是为精读专门设计的。精读课程，要有"读前"的引入，处理词汇，"读中"的学习、提问和讨论，"读后"的练习。通常还要用练习册来检验学习成果。也就是说，需要学习词汇、句式、文章结构、阅读策略（如何推断作者意图，如何从上下文猜测生词的意思……）、阅读理解，甚至口语和写作，这些都是精读课要涉及的内容。有经验的老师也可以选用分级读物或原版小说作为精读材料，但由于分级读物、小说需要自己设计课程和相关练习，这不是一般老师能驾驭得了的，更不是普通家长能操作的。我觉得最好的方式，就是把精读交给有专业教师的课堂。

泛读的目的与精读完全不同。如果说精读的目的是"学得"，那么泛读的目的就是"习得"，让孩子通过大量、快速阅读自己感兴趣的图书，在关注意义的同时，隐性地习得词汇和语法。有研究说，一个词汇，学习者要在不同的语篇（context）中看到 5 - 16 次，才能真正记住这个词，真正会用这个词。"二语习得论"认为，泛读要贯彻的原则是自由自主阅读（free voluntary reading），持续默读（sustained silence reading）。材料要大量、有趣、可理解（comprehensible），每页不能超过 5 个生词，不用查词典。学习者自己选择材料，按自己的速度阅读。读后不提问，不考试，没有任何压力，只要读就行。

分级读物和小说一般是用来做泛读材料的。分级读物中有一些是专门用来训练拼读的拼读读物（phonics reader），有一些是教材的补充阅读材料，还有一些是以语言难度来分级的分级读物（graded reader）。很多大出版社都有整套的按年级分级、既有故事类（fiction）也有自然科学和社科类（non-fiction）的读物。这种分级读物内容取材上非常广泛，词汇和语篇难度根据级别递进，篇幅上从单句到段落递增，非常适合作为泛读材料来使用。很多章节小说也是成系列的，内容非常吸引孩子，在网上能查到这些小说的各种分级信息，适合读过分级读物之后的孩子继续展开章节书的泛读。

泛读就是让孩子做主，全凭孩子的兴趣走。有的孩子对喜欢的书百读不厌，有的孩子即使是喜欢的书也就读一遍，第二遍就没兴趣了。这都可以根据孩子的情况灵活处理。

泛读就是为了让孩子感兴趣，多读，快读。如果在孩子读的时候，家长一会儿叫朗读，一会儿让查词典，一会儿又要回答问题，孩子的兴趣可能就被搞没了。所以，在家泛读的时候，家长切忌插手，不要把泛读搞成精读。

家长最应该做的，是做泛读资源的提供者。搞清楚自己孩子的阅读级别和兴趣爱好，不断地把合适的好书推荐给孩子，做好记录，给予鼓励，关注孩子在一个级别停留的时间，及时调整书的难度，不动声色地为孩子铺就一条不断进阶的课外泛读之路。

最后，我推荐，根据"习得"大于"学得"的原则，把精读和泛读的比例掌控在 20% 比 80%。在课堂上精读占 20%，在课外泛读占 80%。

# 四、跟读是好办法吗？

中国的家长和老师热衷于让孩子跟读英语。比如，要求孩子跟着录音一句一句地模仿，要求孩子大声朗读课文或者小说。

对此，我有一些看法，跟大家探讨。

根据二语习得理论，孩子学英语有沉默期，在学英语的初期，要求孩子跟读是不太合适的。在这个时期，大量听是最重要的，多听少说。有人推荐，说的量只占听的 5% 就可以。如果在孩子刚接触英语的时候，就不断要求孩子跟读，模仿语音语调，将孩子的精力集中在模仿语音上而不是对语言的整体理解上，是不符合语言学习规律的。

通常孩子在听了半年之后，有了一定量的输入，才开始说一些英语，这个"说"，是在交际中互动地说，也不是跟读。那么，什么时候可以开展跟读呢？

可以在学习 phonics（自然拼读）的过程中，以及学习之后，用 phonics 读物练习拼读的时候，顺便练习跟读，纠正语音语调，然后依据原版录音训练朗读这些读物。这时候，学习的主攻方向是在发音与阅读上，将二者放在一起练，一举两得。既学会了基本的阅读能力，即拼读；同时又训练了语音语调，培养了朗读能力。

有些家长让孩子跟读电影台词，要求把每一句话都跟读清楚，说是靠这一招把孩子的口语练出来了。我觉得这么做有三个问题。首先，动画和电影的功能主要是起输入的作用，创造一个类似自然习得的环境。这个环境的关键在于信息量要大，持续的时间也要长。孩子浸泡其中，才能自然习得一些语言。跟读这项艰巨任务，必定花费许多时间，跟读一集动画的时间，孩子能看很多集其他的动画了。这就是"学得"和"习得"的区别。语言学家说，习得的效果好于学得。花费很多时间精学，效果未必有广泛涉猎好。其次，跟读未必能练得了口语。口语的特性是随机、交互、交际，在人与人之间进行。即使跟读得惟妙惟肖了，也不意味着口语交际就过关了。因为跟读只是一种比较机械的模仿，并没有训练口语交际中那种随机应变、快速组织语言的能力。最后，看动画和电影本来是给孩子带来快乐的一种方式，而跟读是枯燥的，可能很快就会把孩子学英语的兴趣磨没了。

关于朗读，我还想推荐一下有声书。有声书大概有两种：一种是作者本人朗读，一种是专业演员朗读。通常，演员朗读的质量要好于作者朗读的。一边看着书，一边听专业演员的朗读，体会其断句、语音语调，并试图模仿，是提高朗读能力的好办法。但是，朗读并不能替代实际交际。

如果实在没有交际场合，跟读和朗读是练口语的没有办法的办法。

## 五、英语思维有没有用？

对于中国学习者来说，外语"听说读写"四项技能中最难的就是"说"。成年人普遍被"哑巴英语"所折磨，我遇见过很多具有相当好的阅读水平的成年人，一说话就磕磕巴巴，搜索不出正确的词。

这种现象是语法翻译法这个落后的学习方法造成的。我们这一代成年人当年学英语时，普遍借助汉语释义背单词，没有建立单词的图像（mental image flash），属于典型的"学得"，结果就是单词成了"显性知识"，储存在大脑的"知识记忆区"，没有储存在"语言区"，不能快速地、甚至是无意识地调用。

跟别人说话的时候时间短暂，没有时间组词造句、套用背过的文章，也没有时间用语法检测自己说的话是否规范，说话人的关注点只能是意义，而不是形式。在这种情况下，最考验学习者是否建立了英语思维。

儿童学习英语，相对于成年人的优势之一是母语还没有那么强大，概念的建立可以不通过母语，直接输入大脑的"语言区"，将来可以快速地调用。积累一定时间后，就可以用英语思考了，即建立了英语的思维。在孩子小的时候，教英语不要通过汉语，要发挥出孩子的年龄优势。

拿什么判断一个孩子的英语好不好？我觉得最重要的一条，就是看他在英语环境中能不能无障碍地进行交流。语言是用来交际的，如果不能交际，即便考试分数很高，也是走错了路。

# 六、自然拼读与音标学哪个?

自然拼读是最近比较流行的概念,很多家长不太明白自然拼读和音标两套系统到底有什么区别,学了一个还要不要学另一个,学哪个好等等。我试图回答一下这个问题。

中国人学自然拼读和音标,都是为了解决英语的发音问题,至于学哪套系统,取决于你想怎么学。如果你想用"母语法"学,即像英美孩子一样学,那么,学自然拼读。如果你想用"外语法",即传统方式学,那么,恐怕还是得学一下音标。

用"母语法"学是有条件的,即学习自然拼读有一个前提,就是必须有足够大的听力词汇量。这就是我为什么说学前要积累 3000 听力词汇的原因。其实,自然拼读最大的目的是为了阅读,而不仅仅是念出单词。我们外语学习者拿它念单词,只是用到了其功能的一部分。自然拼读的原理是这样的:拿 desk(桌子)这个词举例,一个母语小孩看到 d, e, s, k 这四个字母之后,就用自然拼读的规则去发音,/d/-/e/-/s/-/k/,哦,desk 呀! 他就懂了这个词的意思了。也就是说,自然拼读是一种解码的能力,孩子通过解码技能(decoding skill)把印刷物上的文字读出声(sound it out),把文字的音发出来,同脑海里早已有的音一印证,就明白了单词的意思,就能读懂书上的字了。如果小孩脑海里事先没有输入这个词的音和意思,那么即使读出来了也不知何意,就没什么用了。

可是,自然拼读只能解决 70%-80% 的单词发音问题,因为英语里只有这么多的词是规则的,还有一些不规则的词,仅仅看到拼写根本确定不了它的发音。这时怎么办呢? 因为母语者有大量的听力词汇,这些词汇的发音和意思他都知道,储存在他的大脑里。遇到不知道怎么读的词,他可以用不同的发音去猜,去试错,一旦试出来的音他听到过,就知道怎么念了。此外,根据上下文,母语者也容易猜测出不认识的单词的意思,有了意思,一对照拼写,也就推断出了发音。而我们外语学习者就不同了。如果没有母语者那样的听力词汇量,这 20% 到 30% 的单词就无法读准。好在现在的电子词典能解决这个问题,可以点击发音的按钮多听几遍。

所以，要学自然拼读，一定要有高水平的听力，听力词汇量越大越好。否则，如果听力词汇量没多少，还是老老实实地学音标，靠音标把音读准。音标是专门为外语学习者发明出来的表音符号，母语学习者是不学的。音标的好处就是它的清楚性、全面性，看到后就能很确定地发出音来。音标大体分为英式的 IPA 音标和美式的 KK 音标两种，分别标注英式发音和美式发音。中国学习者大都学的是英式发音。

现在，有的培训班夸大了自然拼读的作用，说学了自然拼读就"见词能读、听音能写"。这么说是很不负责任的。如果自然拼读这么灵的话，美国也就不会有那么多的阅读障碍者了，美国教学界也就不会有自然拼读法（phonics）和整体语言法（whole-language approach）两种方法的大战了。自然拼读法有局限性，只有部分规则的词能够做到"见词能读、听音能写"（同时满足这两个条件的词比 70% 更少。比如：你听到 doctor 这个词的音的时候，你怎么知道它不是拼成 dockter 呢？），绝对不是全部。对于不规则的词，中国学生可以说是束手无策，既不会读，也不会写。如果没有音频，还得去学音标查字典。

## 七、单词要不要背？

学英语最应该关注的是词汇。如果说中文的学习难点是认字，那么英文的学习难点是积累词汇。中国教材的通病是语法难、词汇少。

我国的教育要求学生掌握多少英语词汇量呢？

- 小学毕业生 600－700 词；

- 初中毕业生 1500－1600 词；

- 高中毕业生 3500 词；

- 大学四级 4200 词；

- 大学六级 5500 词。

如果想出国，词汇量要达到多少？

■ 新托福，8000 以上的词汇量；

■ SAT 考试，1.2 万左右的词汇量；

■ 新版 GRE，1 万左右的词汇量。

在英语为母语的国家，学生们在各阶段都达到了多少词汇量？

■ 一个 5 岁的孩子上学前有 2500－5000 的（听力）词汇量；

■ 一个高中生大概具备 1 万－1.5 万的词汇量；

■ 一个大学生一般具备 1.5 万－2 万的词汇量；

■ 一个从事科研工作或者阅读量很大的成人可能具有 2.5 万－3 万的词汇量。

如果要达到 98% 看懂或听懂英语材料，需要多少词？

■ 小说需要 9000 词；

■ 报纸需要 8000 词；

■ 儿童电影需要 6000 词；

■ 日常口语需要 7000 词。

我们可以看出，中国学生的词汇缺口是很大的，在校学的那些词，根本无法适应留学、科研或者商务谈判这些学业和工作上的需要。在学了 10 年英语后，很多学生还不能看懂原版电影、电视节目，不能阅读原版书籍和新闻报道，不能流利交流。除了总量上的不足，即便是那些最基础的词汇，中国学生也没有学到家，不会运用。对于多义词，可能只接触了一种含义的用法。

那么，如何扩大词汇量呢？要从小背单词吗？

我们先来看看美国孩子学习词汇的过程和方法，看看能不能借鉴一二。

面对同样庞大的单词量，美国孩子是怎么应对的呢？美国人相当重视阅读。

在上学前，父母就很重视在家给孩子读故事。在遍布全国的社区图书馆中，孩子们可以免费听专业老师读故事。图书馆在暑期还为儿童提供了节目表演和有奖读书的机会。在经常给孩子讲故事的家庭，孩子在 5 岁时的听力词汇量可以达到5000 词。

上学后，美国的学校更是展开"疯狂阅读"。班级里有图书角，图书按照分级和分类，装在不同的筐里。学校每天都有阅读课，教师给孩子们大声朗读故事。有阅读作业、阅读测试、阅读分级和晋级指导。孩子上学后先学习 phonics 自然拼读，经过从 K 级到 2 年级逐渐加深的拼读练习和分级阅读训练，孩子的听力词汇都转成了阅读词汇。到小学 3 年级（8 岁），美国孩子已经有了 6000 左右的阅读词汇量，进入了自主阅读阶段，原来那些只能听懂的词汇现在全能读懂。母语为英语的儿童，其阅读词汇量可用一个公式来大致计算：即年龄减去 2 或 3，再乘以 1000。那么 8 岁儿童的词汇量为（8-2）×1000=6000。而我们中国的学生，要学到大学六级（20 岁）才能有 5500 词汇。从 3 年级起，美国孩子开始通过大量阅读来学习知识，同时通过阅读来扩充词汇量。据统计，美国学生从 3 年级起每年大约学 2000-3000 词汇，平均每天学 6-8 个。从小学、初中到高中，学校鼓励学生们多读书，除了课本，要求学生们在课外大量地展开泛读。学校的各种活动、大作业都要收集资料，收集资料的过程也是大量阅读、分析、总结的过程。

可以看出，美国孩子积累单词的过程是和阅读密切联系在一起的，他们不是单一地学单词、背单词，而是在听故事、读故事、学知识的愉快过程中完成的。通过阅读所掌握的单词是牢固的，而且基本都会用。

反观我们中国老师的词汇教学手段，还停留在让孩子把词抄一行，并写出中文释义的阶段。这样孤立地用汉语释义记单词，势必记了忘，忘了记，即使记住了拼写和意思，也不太会运用。

记一个单词有意思（meaning）、拼写（form）和用法（use）三个维度，缺一不可。中国老师强调前两者，造成运用的短腿。单词不用的话，就会被遗忘。经常有家长问：如何背单词啊？我孩子总记不住。

我认为单词拼写（spelling）的练习是有必要的，但好的方法是先有"音"和"义"，再去把"拼写"和"音"结合起来记忆。

也就是说，如果我们模拟美国孩子高效记单词的经历，那么，我们先让孩子建立一个"单词音"的库。就像文盲一样，先能听懂大量的词。然后，开始学阅读和拼写。通过自然拼读这个"扫盲"工具，学会阅读，训练拼写，阅读和拼写互相促进，在短期内实现词汇量的飞跃，但拼写肯定会落后于阅读。即：认识的词比会拼写的词要多。

假设我们以小学毕业（12 岁）时阅读词汇与美国同龄人保持同步为目标，那么，我们的孩子需要认读 9000－10000 词。其中，最基础、最常用的 2000 词（2000 high-frequency word family），力争让孩子在实景交际和动画片中学到，看到画面、摸到实物，建立这些词的声音和画面的直接联系，即所谓的"英语思维"，在听、说、读中不借助于母语翻译。只有这样，才能达到流利运用的目的。也就是说，我们要先建立这些词的"语音库"，再通过阅读（而不是背）来认识这些单词。从 2000 到 5000 中等频率的（mid-frequency）词，要在听力和阅读中边听边记、边看边记，最好也是听力先行。5000 以上的词汇，可以依靠词根等方法背下来。

# 八、英语好会干扰母语学习吗？

儿童有双语能力，两种语言不会互相干扰。有研究者形容说：儿童的大脑里好像同时住着两个不同的人一样，一人说一种语言，并且不会互相干扰。

学习一门外语会使人站高一线看待自己的母语，看待自己的文化，有利于批判思维的形成，而且使母语的表达更准确、更具逻辑性。歌德曾说："不懂外语的人就不能真正懂得自己的母语。"学外语能加深学生对母语的理解。学生从外语角度来审视母语时，能促进其母语水平的提高。学生对待语言的方式变得更加抽象，在选词造句表达思想时，变得更加自觉、审慎。

神经语言学家们通过实验发现，会用两种语言的人，他们大脑的聪明程度相对掌握单一语言的人高，而且正是外语思维能力大幅度迅速提高了他们的聪明度。双语人的大脑灰质密度，比只会使用一种语言的人要高，这种生理上的不同给了双语人认知能力上的优势。双语人不但沟通能力、阅读能力、听力技巧和记忆力比单语人强，认知灵活性、解决问题的能力和高层次思维能力也因学外语得到了增强，学习外语甚至能提高学生的数学成绩，减缓大脑衰老。

经常看到这样的言论：中国太重视英语，以至于忽略了母语，是本末倒置。还有人慷慨激昂地抗议把英语作为大学必考科目、研究生必考科目等等。

但，大家可否知道这样的事实？

1）英语是世界通用的语言，人类绝大部分的科学、文化、艺术成果都是以英语为载体的。以汉语记载的，数量太少。不懂英语，就有点像是 21 世纪地球村里的文盲。

2）英语是科研用语，世界上 95% 的论文都是用英语写的，在大学里搞研究的人，不会英语就不能广泛阅读该领域的论文，更不能发表有质量的论文，基本上无法搞科研。

3）建设一流大学，最关键的是师资。从国外引进的好教授只会说英语，中国学生如果上不了他们的课，中国的大学就难以成为与世界接轨的一流大学。香港全是华人，可他们的大学都用英语教学，这样才能国际化。

4）在这个世界上，双语人，即说两种语言或两种以上语言的人，总数多于单语人。

5）在欧洲，很多孩子在家庭中已经是双语者，但 89% 的学生还要再学习一门外语——英语。在瑞典，85% 的成年人会说英语。即便是美国这样缺乏学习外语动力的国家，也在积极推进在小学开设外语科目。

英语是世界通用的工具，就和数学一样。学汉语和学数学不矛盾，那么

学汉语和学英语也不矛盾。号称英语挤占汉语的人有这样一种假设：孩子的学习量就只能这么多，是封顶的。多学了一个学科，就势必减弱另一个学科，这种假设是不成立的。课外班如火如荼的场面，证明了家长们都认为孩子有很大的学习潜力。

## 九、低龄学英语的黄金优势：入门时期的海量资源

我们不妨把孩子分为小孩和大孩：学龄前到 3 年级为小孩；4 年级到 6 年级为大孩。

从幼儿阶段开始学英语，相比长成"大孩"后开始学，有四个优势：

1）小孩处于语言发展的关键期或敏感期，抓住这一时机顺势利导，可以达到很好的效果。孩子小，中文词汇还不丰富，中文思维还没有那么强势，不容易形成中文拐杖的现象。父母如果能多让孩子接触英语，能够在孩子的大脑里直接建立英语思维、英语的程序化记忆，帮助孩子成为"双语者"。

2）幼儿学英语的第二个巨大优势是语音。小孩对语音语调的掌握比大孩强，能够学得纯正地道。4－7 岁是学习语音的关键期，在此期间学英语，有可能习得类似母语者、听不出外国腔的口音。过了 8 岁，就会稍差一些，也不是不可能，但不常见了。过了青春期，则基本不可能了。可以这样说：语音是童子功。有些人说：能交流就行，有口音怎么了？这是外行的说法，语音并不像很多人认为的那样不重要。由于英语是一种拼音文字，拼写与语音密切相关，发音正确对记忆单词和开展阅读都很重要。也许语音对成人的重要性低些，因为成人学单词是靠背的，但如果让孩子通过学习自然拼读来学习认字和阅读，语音是非常重要的。另外，语音带来的情感问题也不容忽视。一口纯正的语音会受到别人的表扬，从而增加学习者的自信和对英语的好感。反之，如果语音不地道，一说话就让人笑话，学习者会变得自卑，不愿发言，继而失去信心和学习动力。因此，对于初学者来说，语音是至关重要的。

3）从幼儿阶段开始学英语，第三个优势是年龄决定的"没脸没皮"。小孩学语言或外语没有大孩那么多顾虑。你看吧，如果你走进了一个低龄段的英语口语课堂，那热闹劲儿，没有不敢说话的小孩，简直吵翻天了。但大孩课堂就安静多了。人家大了，脸皮薄了，怕丢人了，不敢说了。岁数越大，越害怕改变、冒险、丢脸，越不愿意模仿别人。而小孩通常对另一种语言持积极、开放、愉快的态度。小孩不怕被人笑话，别人要是笑了，反而更增加了他们的兴致，觉得他们的行为引起了别人的注意，还要反复说给你听。所以口语必须从小培养，大了就麻烦多了。

4）从幼儿阶段开始学英语，第四个不可忽视的优势是认知水平与原版书在年龄上的同步。习得靠的是大量的高质量的输入，原版书是输入的主力。国外出版物全是按照年龄设计的，如果一个孩子大了，他的母语能力已经很强，他的认知水平已经很高，但是他英语学得晚，水平低，那他势必要面临"无书可看"的尴尬。用母语都能看小说了，用英语却只能读国外幼儿园的读物，你说他愿意看吗？他会相当排斥。家长们，这样的例子可太多了，请大家引以为戒。反过来，如果你的孩子从 3 岁开始学英语，那么海量的原版书都向他开放了，你的孩子会跟随原版书同步成长，从小就拥有海量的资源，借助这些资源，孩子的语言能力能够达到接近母语的二语水平。

## 母语、二语与外语

如果我们比较英美两国的教学法，就会发现，在英国产生的教学法，通常指向"以英语为外语"，即 EFL（English as a Foreign Language），而美国的教学法则偏重"以英语为第二语言"，即 ESL（English as a Second Language）。这是因为原大英帝国的殖民地多，英国人研究教英语，主要解决外国人在自己国家学英语的问题。而美国是移民国家，需要解决移民落地后，在美国这个英语环境中学英语的问题。

英国产生的教学法，如情景法、交际法、任务型教学法，都重视交际，即英国的传统是交际。美国产生的教学法，如听说法、自然法（二语习得法）等，都重视听，即美国的传统是听。

在中国学英语，没有英语环境，当然属于外语。然而，越来越多的家长想让孩子用母语的方式学习，最突出的表现就是"自然拼读"越来越流行。

我的看法是：

1）在中国这个单语和外语环境中，想让孩子用"母语法"学习，达到英语母语者的程度，几乎是不可能的。只有极少数投入量特别大、又有条件的个别孩子能用"母语法"学习，并在"听说读写"方面达到母语水平。从我的观察看，每天花在英语上的时间不少于三小时（课内＋课外），起步早，方法对，有好老师（母语水平的）、好的课程，并能一直坚持的个别孩子，可以用母语法学习。由于在英语学习方面，很少有中国家庭能付出这么多的时间与精力，也没有多少家庭能创造始终跟母语者学习的条件，所以靠"母语法"学习而达到母语水平的孩子是极少的。此外，由于"母语法"不学语法，靠强大的输入自然习得正确的语法，对输入量的要求太高，一般的课程和家庭环境也难以做到。

2) 纯外语的学法，不如母语和二语学法见效快、底子牢。刚才说过，进入英国人设计的体系，即 EFL 体系，也是市场上绝大多数通行教材的体系学习，走的是"外语"之路。这条路最有代表性的，就是学"剑桥英语"，从剑桥少儿学起，一直学到 KET、PET、FCE。这种教材通常从一开始就教授语法，按照话题、词汇、语法、功能、技能等多元大纲编写，循序渐进。系统学习这种教材，可以一步一步地进阶，最终达到目标。但是，这么学的问题是太慢。从第一册学到第十二册，花费 6 年，才能到 PET 水平，这还属于进度超快的高端教材。外语的学习方法，由于预设的是全靠课堂那点时间，输入量是非常有限的，根本就快不了。此外，通过外语法得到的输入过少，学生的输出能力与母语人士相差很大，即：口语和写作水平不行。如果按照最适合儿童的二语习得法，则可大幅缩短达到目标所需的时间。以最能体现语言能力的阅读为例，如今 9 岁能自主阅读大部头原版书的孩子，已不算少见。而且，因为课外输入量大，学生的语言输出丰富、扎实。

3) 达不到母语的量，又不甘于外语学习法，我们可以试图做到二语。前面说到，二语通常指移民到达目的国后在所处的环境中产生了交际需要。随着社会的发展，电视、多媒体技术、网络的普及，以及各国人民间的频繁交流，外语与二语的区别越来越小，在语言学中的"二语习得"，已经越来越多地泛指或者包括了外语。在中国的外语学界，也有越来越多的学者研究二语习得。我觉得，如果家长能够为孩子创设家庭二语环境，让孩子多听、多读原版材料，课外又能够坚持上外教课，与母语人士练习对话，就可以试图让孩子走二语习得之路。

4) 二语习得能够达到接近母语的"二语"水平。我设计的"二语习得"目标是：阅读方面，与美国孩子保持同步；口语输出和写作水平方面，稍落后于美国孩子，因为练习机会少，但到了英美国家有了大环境后能很快跟上。因为毕竟没有母语环境，"二语"需要系统学习语法并勤加练习。

# 中国孩子英语学习路线图

# 第一节 总体规划

基于二语习得理论、自己育儿的经验，和对近 100 个孩子的样本持续关注、研究和总结，我做了一个中国儿童二语习得的 10 年（从 3 岁到 12 岁）规划，供家长们参考。

## 一、3 岁起点说

关于几岁开始英语启蒙，有很多不同的说法。我个人认为 3 岁是个比较理想的起点。3 岁之前，主要发展母语，先把母语说好，不用那么着急进行二语启蒙。0 - 3 岁是儿童母语发展的黄金时期，到 3 岁基本可以做到说的内容能让陌生人听懂。在 3 岁前进行双语活动，对父母的英语水平要求很高（因为这一阶段双语教育的方式，主要是跟孩子在生活中说英语），孩子的母语相对其他同龄的孩子可能会发育得迟缓一些。

从 3 岁开始引入英语，如果方法得当，孩子的两种语言都能得到很好的发展。4 岁开始也可以。经我对近 100 个孩子的观察研究，3、4 岁是中国儿童学习第二语言的理想模型。我儿子 Gary 5 岁多正式开始学的，后来我非常后悔没有让他从 3 岁开始。因为虽然我的方法对，力度很大，Gary 在听说方面也进步很快，可他用了 4 年，到 9 岁，才追上那些 3 岁就开始沉浸式习得英语的小孩——开始得晚了呀！3 岁开始的孩子，一路在前面领跑，令后来人很难追上。我们知道，沉浸式学习效果好与不好，关键就在于时间，在语言这个问题上，智商不太重要，靠的就是时间。3 岁开始的小孩比 5 岁的多浸入了两年，要想追上，就得把这两年补回来，就这么简单。

3 岁启蒙的另一个好处是孩子不排斥英语。许多 5 岁的小孩排斥过于简单的动画和读物，因为他们的中文母语能力已经比较强，能够听懂《西游记》这样复杂的故事了，会嫌英文的启蒙读物幼稚无趣。而 3 岁的孩子就不会这样，他们能够跟随同龄的动画和读物同步成长，一直保持兴致盎然的状态，不需要父母的威逼利诱，是比较完美的启蒙人群。

## 二、为什么是10年

我认为，任何特长都得下10年功夫，没有人能够随随便便成功。有人提出过1万小时的"深练"概念，我觉得是有道理的。如果把外语当做一门特长，那么它也许算是最轻松愉快的特长了，只要有正确的路线和坚持10年的行动，任何孩子，无论智商高低，都会有不错的成果。

如果以最理想的3岁为起点，坚持学10年，正好到孩子"小升初"的12岁。我做的这个10年规划，是为有意以英语为特长、将来想出国留学的孩子们设计的。如果您没有这些想法，可以酌情删减学习项目和学习时间。因为这个规划有理想的成分，以3岁开始启蒙，家庭可以进行大投入，能够坚持10年为前提。

## 三、目标

- 程度目标：与美国同龄人保持同步

- 应试目标：11岁（5年级）通过FCE考试

- 应用目标：英语真正成为获取知识的工具，而不只是知识本身

- 情感目标：无痛，有趣，乐学，享受，娱乐

大家可以看出，这是个多元的目标，虽然定得很高，但如果按照下面说的方法去做，可以一步一个脚印、十拿九稳地实现。

第一个目标对应的是阅读，参照美国同龄人的标准，同年级的美国小孩读什么书，在中国的小孩就读什么书。即在阅读这一单项上，与美国同龄人保持同步。这样做的好处是，将来如果出国留学，什么时候走都可以。阅读能力，即学术能力的关键，不构成任何制约。而且在文化上，与母语孩子能交流的谈资很多。

第二个目标兼顾了能力和应试。FCE 是剑桥通用五级考试的第三级，相当于欧框 B2 水平。如果从 3 岁开始学英语，到这时已经有八九年。以 11 岁五年级时通过这个考试为目标，有很大的参考价值。FCE 这个考试大概相当于母语国家孩子四年级水平，二语的孩子在五六年级考，是可行的，也是必要的水平检验。在我看来，应试也是一种能力，尤其现在的等级考试，考的是听说读写加语用的综合能力。如果不以一个等级考试为参考，随意、盲目地学习，容易走偏方向。比如，我曾经在网上看到家长记录 7 岁孩子读莎士比亚的小说，觉得特别不可思议。再看，发现该孩子刚考了"剑少"二级，还没得满盾。这就符合常识了，其实他离读莎士比亚的水平还远着呢。"剑少"二级才 800 多词汇量，而莎士比亚的中古英语，没有 2 万词汇基本没法读。即便是简写的版本，它也不是儿童故事，并不适合儿童。反过来，如果孩子的路子走对了，在 10 年中扎扎实实地不断提高英语运用能力，那么，在 11 岁时考 FCE（6000 词汇量），就是顺理成章的水平检验。甚至可以不用为这个考试专门学习什么长期课程，只在考前熟悉一下试题，做几套模拟卷，就可以去"裸考"。

第三个目标是通过英语来学知识（using English to learn），也就是 CLIL。CLIL 教学法（内容和语言相结合的学习）向来是外语学习中的难点，但事实上如果启蒙得早，家长又能提供合适的材料，幼儿园小孩就能做到。比如，我儿子 Gary 从小爱看科学类的读物，6 岁时的他已经开始大量地看英文科普类动画片，听科普类文章，他不觉得自己在学英语，而是在学知识。

第四个目标关乎情感。摒弃一切需要毅力的方法，儿童学习语言的主要成因不是毅力。能用英语来娱乐、享受英语，是一种很高的能力。在我们这个时代，英语世界适合儿童的资源实在太精彩，"乐享"是件很容易办到的事情。在实践中，每天晚上，当我试图关上那个用来听英语的 MP3 播放器，Gary 都拿着播放器左躲右闪，不让关，他还想接着听故事。

## 四、习得要有计划有步骤

语言习得不是把语言材料往孩子面前一堆、把录音一放那么简单，家长要掌握儿童习得语言的规律，在不同的时期做不同的事情，有计划、有步骤地进行。

儿童在家习得语言，大概要经过以下这四个时期：

### 1. 启蒙阶段：3-5岁，先听说

启蒙阶段最重要的就是听，听多了再说，即"文盲"阶段。

在这一阶段，家长要为孩子创造一个良好的听英语的环境，让孩子多接触英语，多听英语。从生活的各个方面着手，建立英语语音和实物图像之间的关系，建立英语思维。目标是让孩子基本听懂简单的生活用语、指令，不断扩充听力词汇量。

可以和孩子说日常用语，做游戏；可以给孩子看原版动画片和 flash 故事；可以听歌，唱歌；可以读分级读物给孩子听，或者放录音，让孩子看着图画书听。让孩子在多种多样的立体环境中，吸收语言。做这些事情的时候，只要求孩子注意理解"意义"，建立英语声音和实物具象之间的关联，而不用注意文字。随孩子的喜好走，兴趣第一，大量输入。听到一定程度（儿童的沉默期一般是 6 个月到 1 年），孩子就可以有一些简单的输出。孩子天生有很强的语言吸收能力，不管是哪种语言，只要家长能提供良好的语言环境，让孩子多接触、多听，让孩子将语言和图像建立起关系来，孩子就能很快习得这种语言。

在这一阶段，不提倡阅读、认字，更不要学教材、背单词、背课文。这么小的孩子用成人的方式来"学习"语言，不仅费时费力、枯燥无味，效果也极差，更浪费了孩子的习得能力，磨灭了孩子的学习兴趣。

孩子在家中积累了 1000 听力词汇量以后，家长可以考虑在 5 岁时给孩子报个"外教口语"班，让孩子在口语课堂上与外教进行交际，在课堂上继续习得。

## 2. 扫盲阶段：6 岁，自然拼读

在孩子能听懂绝大部分生活用语、简单的英语故事，听力词汇量达到一定水平后（我的建议是达到 3000 听力词汇量），给孩子报个自然拼读班，正式学习 ABC 字母和 phonics 英语拼读规则。学习之后，找一些简单的、练习拼读的分级读物让孩子读，掌握最常用的第一批单词的认读。

在训练阅读的同时，进一步加强听说能力的训练，继续看动画片，开始裸听有声书，保证听力输入的量，并继续上一年的外教口语课练习口语。

这个阶段的习得目标是能阅读简单的图画书和分级读物，掌握一批最常用的单词，听说能力也同时得到提高。

## 3. 全面发展阶段：7-9 岁，阅读、拼写、语法和写作

在孩子掌握拼读本领后，要逐步加大"学得"的比例。从 7 岁开始给孩子报班，系统学习一套教材，逐步学习英语的语法知识，培养阅读写作能力。"学得"的目标是听、说、读、写四项技能全面发展。

在这个阶段，家庭中的习得重点是提高孩子的阅读难度和阅读量，广泛接触各个方面的英语，大量阅读分级读物和初级章节书、中级章节书。同时要一直坚持听的输入，听的内容以儿童文学为主，听的内容难度要高于阅读的内容。

从这个阶段开始，在培训班的"学习"和在家进行的"习得"齐头并进，两手都要抓，两手都要硬。

## 4. 提高阶段：10-12 岁，学科英语与学术英语

在小学高年级阶段，继续 "学得"和"习得"两手抓。

学得的目标主要是为"小升初"考取一些证书，需要学习高级别的读和写技能，并向学术英语发展，锻炼批判性思维能力、分析归纳能力和沟通能力。

家庭习得的重点是进一步提高孩子的阅读量、阅读速度和阅读理解能力。扩

大阅读的深度和广度，接触各方面的英语资源，包括社科、科普和文学各领域。把英语的学习从单纯的语言学习逐步过渡到将英语作为工具运用上。除了大量读，仍要继续听，听的内容扩展到较复杂的小说、科普节目、演说、历史地理社会知识，看有一定内涵的电影。

用表格总结一下四个阶段的习得重点：

| | 听 | 说 | 读 | 写 |
|---|---|---|---|---|
| 启蒙阶段 3-5岁 | 看动画片，看flash；听故事，听歌曲；家长给孩子读分级读物，或让孩子听录音看分级读物，在生活中说英语；5岁时（1000听力词汇量时）上外教口语课。 | 和家长进行简单的日常会话；唱儿歌；和外教交流。 | 无 | 无 |
| 扫盲阶段 6岁 | 看原版动画片；开始裸听有声书；继续外教课；听力词汇积累到3000词。 | 日常用语基本过关；能与外教进行有一定长度的对话；能复述故事。 | 学习字母和phonics拼读规则；认读简单的单词；读phonics分级读物。 | ABC书写；单词书写；写简单句。 |
| 全面发展阶段 7-9岁 | 听懂全英文授课；听懂较为复杂的故事音频；喜欢听英语小说；不借助字幕看懂儿童动画片、儿童电影和简单的科普片。 | 能够和英美母语人士进行一般的对话；能就一些主题做简单的陈述。 | 读分级读物；读桥梁书；读初级章节书；读中级章节书。 | 做单词练习；语法练习；看图写话；写简单故事。 |
| 提高阶段 10-12岁 | 听懂英语长篇儿童文学作品；看科普影片和一般的电影；听懂讲演、报告等特殊场合的发言。 | 比较流利地进行英语对话；能当众讲演，就一个主题做陈述。 | 能做阅读理解题目；提高阅读速度；阅读在深度和广度上不断提升；能用英语阅读其他学科资料。 | 段落写作；描写练习；写故事；写信；写说明文。 |

# 五、家长在各阶段的角色与作用

外语学习中父母的总角色是策划师兼后勤人员，要负责：1）内容、资源的推送；2）接送上、下培训班；3）应试准备；4）鼓掌。换一种说法：我们要做什么样的家长呢？

- 脑中有理论

- 心中有目标

- 手中有资源

- 脚下有路线

下面详细阐述一下四个阶段中父母的角色和作用。

## 1. 3-5 岁启蒙阶段

在启蒙阶段，家长要参与得多一些，越大就越放手。

家长自身要对学习英语有热情。家长的热情和要求是孩子学英语的第一动力。在有条件的家庭，家长要身体力行，在情境中跟孩子说一些简单的生活日常用语，绘声绘色地给孩子读分级读物。作孩子英语的启蒙老师。家长英语不行，也不用气馁，用动画片和读物音频、点读笔、教学软件、学习网站等多媒体的方式，一样可以给孩子创建一个良好的听的环境。家长可以陪伴孩子一起学、一起唱，称赞、鼓励孩子的进步，夸孩子模仿得比自己好，一旦孩子运用了某些句子，就大加赞赏。铺垫了 1000 日常词汇以后，就可以把孩子送到外教班，用生动活泼的方法练习口语。

父母的作用是点燃孩子对学英语的兴趣，把孩子领进门。启蒙阶段所进行的任何活动，都要围绕孩子的兴趣，全方位地调动孩子的各种感官，让孩子觉得英语很有趣。

## 2. 6 岁扫盲阶段

在扫盲阶段，家长仍要高度参与，把孩子领进阅读世界。

给孩子报班学习自然拼读，课外提供自然拼读读物，督促孩子一本一本地大声朗读，通过练习掌握拼读规律，实现自主阅读，转化听力词汇为阅读词汇。

## 3. 7-9 岁全面发展阶段

家长要做资源的提供者和课外班的接送者。

学得方面，让孩子在 7 岁时进入一个课程体系，进行系统的学习，关注孩子的精读、拼写、语法和口语。家长要为孩子选课、选老师、接送孩子上培训班。

习得方面，让孩子在家大量听、大量读。家长要广泛发掘视听和阅读资源。

有的家长问：如何知道听完了一本书，再听哪一本呢？或者问：看完这一本，下一本该看什么？

国外的读物都有分级。在 Scholastic 公司（美国最大的教辅出版社之一）的网站上查好分级，把资源标注好，由低到高排列好、整理好，顺序一目了然。但是，也不用严格按照级别推荐，也可以有一定的灵活度。比如，孩子对刚读完的某套书有浓厚的兴趣，那么顺着孩子的这个兴趣点去找相似的书籍，孩子喜欢的可能性就大。如果孩子刚读完一套魔幻小说，意犹未尽，还想继续读，那就可以在魔幻小说范围里再找一套。还有一个窍门是尽量推荐系列小说。系列小说一套书少则几本，多则 40-50 本，通常难度是递增的，让孩子在阅读中不断提升能力。如果孩子喜欢某套书，一本一本地读上四五十本，孩子的能力自然会增强。比如，Gary 爱读 *Geronimo Stilton*（《老鼠记者》）这套书，读了五十多本。写作文都不知不觉有了 Geronimo 风格了。

家长除了寻找听读书籍，还可以找网站上或软件里的拼读游戏，难度大一些的动画片，或者卡通电影，充分利用各种手段让孩子进行沉浸式的习得。现在很多著名小说都改编成了电影或者动画片，录制成了有声书。可以让孩子先听书，再看动画片，最后阅读。

### 4. 10-12岁提高阶段

在小学高年级阶段，家长要帮助孩子做好应试的准备。

应试光靠孩子个人的努力肯定是不行的，因为中国孩子所应之试，都远远超出了孩子的认知水平和学术能力。家长的辅导和监督、家庭环境的影响，通常起着决定性的作用。家长应帮助孩子熟悉考试，辅导孩子，关注孩子的进步。

学得方面，继续学习更高水平的教材，向学科英语和学术英语过渡。

习得方面，继续为孩子提供难度大一些的电影、教学片、儿童小说、科普和社科书籍。这些原汁原味的优质语言的输入，能帮助孩子了解文化、社会、科技各个领域，使英语学习真正达到运用的高度。

总之，家长最应该做的，是懂英语教学，并源源不断地向孩子提供符合每一个语言学习阶段所需的输入，保证所有的资源都符合孩子的心智发展和接受能力。

# 六、大孩子怎么办?

我写这本书的目的，是为了给孩子尚小的家长指出一条比较理想的路线。然而，总是有大孩子的家长问：那我们的孩子怎么办？是不是赶不上趟了呢?

首先，在青春期前学外语，都有一定的优势。如果您的孩子10岁，那还不算晚。如果8岁，那更不算晚了。孩子越大，"学得"的本领越强，孩子本身更自律，更适合课堂学习。即便过了的青春期，也有把外语学得非常流利的案例。在我的母校北京外国语大学，很多小语种院系的学生都是上大学后，才开始学习一门新的语言，4年后也能运用自如，可以当翻译了。

二语习得的方法，适用于孩子，也适用于成人。成人可以多利用多媒体技术，在初级阶段进行人机交互学习。

家长如果想抓大孩子（8-12岁）的英语学习，并以送孩子出国留学为目的，就还得遵循二语习得的规律，从听力抓起。只不过，阅读的介入可以快一些。小孩训练三年听力才学阅读，而大孩子训练半年，补上听力这一课，就可以抓分级阅读。分级阅读的时间也可以缩短，尽快进入章节书的阅读。另外，时间上也要有比较大的投入。比如，我曾见过一个案例，8岁孩子在妈妈的指导下，利用各种原版视听和阅读资源，加上教材，一天在英语上花4小时，一年后，就从近乎零起点学到读章节小说的程度。可以说，这个孩子用大的时间投入，追上了那些从幼儿园就开始学英语的孩子。

大孩子学英语的劣势主要有两条：1）启蒙时期的原版材料内容幼稚；2）时间不足。大孩子认知发展已比较成熟，可能无法忍受幼稚的外语启蒙材料；大孩子学习任务相对繁重，科目众多，难以抽出大量时间分配给英语学习。如果能克服这两条，大孩子学英语也是能够达到一定高度的。只不过由于有了这两条劣势，学习起来就没那么轻松愉快，更加要求自律勤奋，所以就不如从3岁开始那么理想。

## 细说原版，细说分级

适合 3-12 岁孩子阅读的原版书籍有分级读物（包括 phonics 读物）、桥梁书（early chapter book）、章节书（chapter book）等，如何确定这些读物的级别是否适合自己的孩子呢？如何做到循序渐进地推介适当的书给孩子呢？在茫茫书海中，如何筛选适合自己孩子的书单？

给孩子挑选原版书的时候，要掌握原版分级读物和章节书的分级知识。分级读物都标注了第几级，封面上有阿拉伯数字，一目了然。章节书也有标注，通常在封底，中国家长可能不太熟悉那些符号。在这里我介绍一下美国章节书的几个分级体系，家长们略知一二即可。

举例说：*Hunger Game*（《饥饿游戏》）这本书，在级别上标注了 5.3 810L T，这些符号都是什么意思呢？

5.3 是 Grade Level Equivalent，缩写为 RL，意思是这本书适合上 5 年级 3 个月的学生读。这是一个平均水平，都精确到月了，你能不佩服西方人的认真精神吗？RL 是家长最需要关注的分级。因为这种根据年级分的标注最简单、直观。

810L 是 Lexile 符号，L 就是 Lexile 的缩写。Lexile 体系 6 年级的出口是 1000L 左右；810L 大约对应 5 年级。

T 表示是 Fountas and Pinnell（两位语言学家）开发的 Guided Reading Levels。这是一套 A to Z 符号，Y 是小学 6 年级出口。T 在

5 年级左右。

此外，还有一套 DRA（Developmental Reading Assessment）系统，是用阿拉伯数字 31-76 标注的。6 年级的出口是 60。

另外一套 AR（Accelerated Reader）标注系统，也是标注年级和月份，与 RL 系统类似，但由于是不同公司开发的，计算公式不同，同一本书的数字也略有不同。AR 系统的查书网站是 www. arbookfind.com。

用表格总结一下五大分级系统：

| RL (Grade Level Equivalent) |
| GRL (Guided Reading) |
| LRX (Lexile) |
| DRA (Developmental Reading Assessment) |
| AR (Accelerated Reader) |

我们在给孩子选书的时候，要看懂这些符号，在网上下载一个 Reading Level Conversion Chart（参见附录一），这是一个表格，列出了这些体系之间的关系，然后对着表查看一本书的 Level。查明白了，你推送给孩子的东西才能做到循序渐进。

推荐大家在 Scholastic 公司的网站上（www.scholastic.com/parents）查这些信息。作为美国第一大教辅读物出版社，Scholastic 网站上给出的 level 信息要比亚马逊等网站准确、专业。

建议大家多研究研究 Scholastic 和亚马逊的网站，这样对读物的信息就了如指掌了，什么是 bestseller（畅销书），3 年级男孩的书单，10 岁男孩的书单，reluctant reader（不太爱阅读的孩子，通常是男孩）的书单，获大奖的书单……这些看多了以后，就成专家了，一看名字就知道是哪本书，哪个 level 的，也知道读完了这本该读哪本了。这时候比照孩子的兴趣，再有目的地推送，成功率会很高。也就是说，就像在淘宝买东西，货比三家后再买。

还有个做法，就是见资源就屯，然后再慢慢整理，慢慢分类，查询清楚后按年级分好文件夹，备着以后推送。

# 第二节　细说各年龄段儿童英语学习要点

## 一、启蒙阶段：3–5 岁

### 1. 3–4 岁

3 岁是个起点。那么我们怎么开始呢？

最理想的开始，就是把孩子送进外语幼儿园，那里有外教授课，孩子 8 小时浸泡在英语语境里，产生的效果是最理想的。在 Gary 5 岁时，我把他从公立幼儿园转到了一个外语幼儿园，这个幼儿园推行的是全英文（No Chinese）政策。只用了半年，Gary 就解决了听说和交流，从此看任何适龄的原版动画片都没有问题。经过一年多的浸泡式学习，Gary 在 6 岁时达到了如下水平：

- 三一口语三级优秀；

- 能够阅读简单的分级读物；

- 能够写简单的句子；

- 能够看懂充满科技词汇的 *Magic School Bus*（《神奇校车》）动画片

- 能够按顺序说出八大行星的英语名称

这些成果虽然看上去很了不起，但其实比 Gary 优秀的孩子还有很多。由于我们是 5 岁才送进去的，相比 3 岁就进外语幼儿园的孩子，落后了一大截。而且，经我观察，外语幼儿园的孩子，其母语发展并没有落后（因为在家讲汉语），跟英语齐头并进，孩子们都成了双语人。所以我推荐外语幼儿园这个最理想的做法，有条件的家庭可以尝试。

如果家庭没有这个条件，就采取下面的方法，如果执行得好，也能在孩子 6 岁前积累 3000 听力词汇。

3岁开始，在家大量听。有4种方法，可以同时进行：

1）说：家长如果语音语调标准，就尝试在各种场合跟孩子说符合情境的、简单的英语单词、词组、句子。如果是会教孩子的家长，还可以和孩子做英语游戏。比如 I spy with my little eye…

2）看：每天固定时间看原版动画片20分钟；看一些 Flash 童谣和故事；

3）读：家长发音标准，就给孩子读分级读物，家长对自己的语音不自信，就让孩子听故事的音频（需要一边听，一边看图来理解）；

4）听：听英文故事、歌曲，还可以提取动画片的音频给孩子听。拿童谣、儿歌当背景音乐放，和孩子一起唱。

这4种方法齐下，建立一个全方位的"二语习得"语言环境，让孩子在5岁时，在家获得1000听力词汇量。有了这1000词汇，就可以给孩子报一个外教口语班，通过与外教的直接交流，进一步提高孩子的听说能力。到孩子6岁时，争取积累到3000听力词汇。

4种方法的重要性按递减排序。教小孩英语，在自然语境中"互动"学是最好的，所以有互动有语境的"说"效果最好。其次是"看"，因为动画片里有容易理解的情境，但毕竟属于被动输入，与面对面的交流相比还是差了些。"读"图画书里的画面能够提供一定的情境，书面用语是日常口语的有益补充。"听"的要求较高，因为没有情境。但如果是看过的、已经理解的东西再反复听，效果也不错。歌曲、歌谣能够给小孩以韵律、节奏、音素方面的启蒙，有助于后面自然拼读的学习。

**下面分别阐述这4种方法：**

**1）说**

进入二十一世纪，中国的年轻父母在学校里大都学过英语，都具备最起码的"蹦单词"的能力。如果家长有心培养孩子的英语能力，那么第一就要把自己武装起来，找一些日常会话的书，自己学学，和孩子说一些英语。这是很重要的启蒙，因为如果家长不说英语，那么小孩子就不会有说英语的动力。而且，从语言学习的角度来说，在生活中的特定场景（情境）中说英语，孩子的听力理解力是最强的。一下就把"图像"或者"情境"和单词的音联系起来了，直接储存于大脑的"语言区"，将来说话的时候直接提取，并不借助于汉语翻译，也就是说，建立了英语的思维。

家长自己学好了，在特定的场和孩子说英语，说的次数多的话，孩子就自然习得了一些语言。举几个例子：与其说 100 遍"起床了！"，不如把其中的 20 遍换为 "Time to wake up!" 再比如，与其说 100 遍"吃饭了！"，不如把其中的 20 遍换为 "Breakfast is ready!" 再比如，把比赛时说的"预备，跑！"换为 "Are you ready? Go!"

在最初阶段，可以从单词开始。原则是：名词指着说，动词 TPR。

名词指着说，就是当要教给孩子的词是名词的时候，指着实物说单词。

比如说，在厨房里，可以指着教的词汇：

厨房用品：microwave, fridge, toaster, dish, cup, plate, bowl, knife, fork, chopsticks, spoon, napkin, pot, pan, oven, stove, fire, spatula, sink

食品饮料：flour, sugar, salt, egg, toast, bread, sandwich, hamburger, ham, shrimp, instant noodles, meat, rice, pizza, salad, spaghetti, yogurt, juice, water, coke, milk, coffee, beer, tea

水果蔬菜：apple, banana, orange, grape, pear, tomato, cucumber, onion, carrot, eggplant, potato, garlic, lettuce, celery, cabbage

动词 TPR，是指如果想教的词是动词，就用 TPR（Total Physical Response，即全身动作反应法）的方法教，即一边说一边做。

动词举例：

肢体动作：stand up, sit down, walk, stop, turn left, turn right, turn around, walk backwards, jump, hop, bend over, clap your hands, wave

面部表情：smile, cough, laugh, cry, sneeze, open your mouth, close your mouth, wink

动　　作：touch, show me, pick up, put down, give me, throw, catch, turn over, push, pull, lift

句子举例：

■ I'm pouring a glass of milk / pushing the switch / putting the bread into the toaster / spreading some jam over the toast / heating the pizza in the microwave.

■ I'm washing the dishes.

■ Put in two spoonfuls of salt.

■ Turn it over.

■ Put the dishes in the sink.

■ Put the food on the table.

■ Come here and sit down.

■ Let's clean up the table.

■ Wash your hands before eating.

说这些单词和句子的时候，要一边说一边做，用演示的方法让孩子理解意思。然后让孩子也照样子做一下，家长在旁边再用英语句型总结一下孩子的行为。这样，就调动了孩子的各种感觉器官，多方面地理解了词汇。比如，在喝果汁的时候，可以跟孩子说一大串英语。如：Look, orange juice! This is a carton of orange juice. See? This is an orange. Would you like a glass of orange juice? OK. I'm pouring orange juice into this glass. Smell it. Does it smell good? Drink it. Mmm… It tastes really good!

和孩子说英语的时候，能多说就多说，同时最好有做、有吃、有喝、有闻。

调动孩子的各种感觉器官。观察孩子的反应，如果孩子听懂了，就会按照指令去做。如果孩子没听懂，家长可以再说一遍，再做一遍动作，比如自己闻一闻，自己先喝一口，孩子就明白是什么意思了。

通过"名词指着说，动词 TPR"，孩子在短期内，就会建立起各种物体与英文名称和声音之间的关系，建立起动作和英文声音之间的关系。孩子的听力词汇会增加得很快。通常，在幼儿园 20 分钟到 30 分钟的一堂课里，老师只能教会孩子们最多 5 个词。而在家里，家长可以随时随地教，伴随着真实场景和说、做结合，在 20 分钟内教 20 个有效词汇都是可能的。

我们知道，孩子学英语，效果最好的是在自然语境中，因此家长对孩子说英语，是最好的启蒙方式。

如果家长比较擅长教学，还可以和孩子做英语游戏。比如 I spy with my little eye 这个游戏。家长说：I spy with my little eye… something that is pink! 让孩子找周围粉色的东西。孩子如果能指出来，家长要用句子总结一下，说：Yes! The pillow is pink!

玩和上面的说一样，是交际活动。在儿童的英语启蒙中，在交际场景中有互动地学，是首选的方式。但是，光是靠家长说和带孩子玩来给孩子英语启蒙，也是不太现实的，因为绝大多数家长的英语交际水平有限，很快就有"词穷"的时候。而且，有些家长对自己的发音有点不自信，怕给孩子灌输不正确的口音。因此，我觉得，家长可以把 1000 个最基本的词汇作为自己的目标。英语发音好，就可以多教一些，语音语调不好，可以少教。比如，家长可以不说句子，只蹦单词，只要让孩子从你那儿学到 300-400 个最基本的名词和动词，孩子就可以看动画、听故事了。把启蒙的主要任务交给原版视频和音频，家长只起一个"导入"的作用。别小看家长初期的参与，亲情和家长的重视，经常是孩子最原始的学习动力。当孩子通过看、听、读原版资料入了门，家长也要和孩子一起学，不时"现学现卖"，应用一下刚看过的内容，为孩子创造语言应用的实际环境。

### 2）看

每天在固定时间，看原版动画片 20 分钟；还可以在电脑上看一些 flash 童谣、故事。

动画片中有情境，孩子可以借助于画面理解语言，因此看动画片是仅次于交际的、很好的输入。如果父母已经在生活中给孩子输入了一些常用词汇，再找一些适龄的原版动画片看，尽量找简单的，让孩子能够看懂。为了孩子的眼睛，每天看的时间要定量为 20 分钟。通常适合小小孩的原版动画，一集也就几分钟，20 分钟能看好几集呢。初期看的时候，父母最好陪着看，稍微给孩子解释一下剧情。片子中的一些词汇，父母留意记忆一下，在生活中活用一下，加深孩子的理解。

下面介绍一些动画片。按年龄和难易顺序排列。

#### ● BIG MUZZY 系列

*Big Muzzy*（《玛泽的故事》）是 BBC 制作的启蒙英语学习类动画，讲的是一个叫 Big Muzzy 的又风趣又笨拙的外星人，和一群地球王国人相遇。该片语速很慢，因为是学习类的动画，所以在内容设置方面，重点围绕常见词汇、日常用语和句型结构进行多次重复性的展示。Big Muzzy 的重复性是任何纯粹的动画片无法比拟的：同一个单词或表达，里面的角色会夸张地用不同语气重复很多次，有些表达甚至还会以儿歌的形式多次重复，很适合孩子启蒙。语音是英音，语言很生动，每个单词的发音跌宕起伏，非常利于孩子模仿和练耳。

#### ● Peppa Pig 系列

这是一部受到很多中国孩子好评的动画片，中文名《粉红猪小妹》，适合 3 岁儿童，英音，共 4 季。粉红猪小妹是一只可爱的小粉红猪，她与弟弟乔治、爸爸、妈妈快乐地生活在一起。该动画色彩明亮，画风简单，情景对应得特别好。剧情温馨有趣，通过生活中的一件件小事，让孩子感受到姐弟间的互相关爱、大的让小的等独生子体会不到的感受。猪爸猪妈教育孩子的方式也值得中国父母学习。该片内容非常简单，生活化，有很多词汇、句型在同一集里来回重复，语言适合运用到平时日常生活中。一集时长5分钟，就算一次看3集，也就15分钟，有利于保护孩子的视力。该片发音清楚，语速不快，孩子比较容易接受。

### ● Little bear 系列

*Little Bear*（《天才宝贝熊》）也是一部不可多得的适合孩子启蒙时期看的动画片，美音。该动画片围绕可爱憨厚的小熊一家和它的四位动物朋友：猫、鸭子、猫头鹰、母鸡展开，呈现了孩子日常生活中的很多情境，很有生活气息，很温馨，轻松、幽默。几个小动物个性鲜明，语言符合孩子的想象和对世界的认识。共6季，每集包括3个故事，每个故事约8分钟。语速中等稍慢，发音清晰，是启蒙阶段培养孩子听力的好资源。

### ● Caillou 系列

*Caillou*（《卡由》）是PBS（美国公共广播公司）出产的动画片，共228集，每集4分钟，美音。卡由（Caillou，法语意为小石头或小卵石）是一个4岁的光头小男孩。剧情讲述的是卡由和2岁的妹妹（Rosie）、小猫（Gilbert）及家人和朋友的生活故事。

这些孩子生活中的"琐碎事"，大多数孩子都经历过，孩子们看起来会感到很亲切，很放松。因为主要是发生在幼儿园里的故事，对帮助孩子适应幼儿园生活有促进作用。动画颜色鲜艳，画风写实，发音清晰，语速比《天才宝贝熊》和《粉红猪小妹》快些。

### ● Curious George 系列

中文译作《好奇猴乔治》。这个好奇的小猴子虽然屡屡闯祸，却热情善良，最终总是在它的主人黄帽子叔叔（Yellow Hat）和其他好心人的帮助和谅解下化险为夷。这个系列故事情节曲折、富有想象力、充满爱心，充分理解和尊重孩子们爱探索、爱冒险的特点，深得孩子们的欢心。看过的家长也会会心一笑，George 不就是总调皮闯祸的孩子吗，Yellow Hat 不就是宽容有爱心的父母吗?

### ● Franklin 系列

《小乌龟富兰克林》这套加拿大动画片是很适合英语学习的素材。该片注重美德教育，适合孩子在 5 岁以后看。主人公小乌龟富兰克林是小学生，故事围绕着富兰克林的学习和生活展开，孩子需要有一定的英语基础和学习经历才能看懂。该动画片发音清晰好听、语速适中。

### ● Arthur 系列

看完了 Franklin，就可以接着看 Arthur（《亚瑟》）了。Arthur 也是小学生，他有一个比较 bossy 的妹妹 DW。这部动画片比 Franklin 搞笑，内容比

*Franklin* 深，语速也比 *Franklin* 快。适合孩子在 6 岁以后看。

### ● Chuggington 系列

BBC 原版英语动画片《火车宝宝》，共 52 集，英音。*Chuggington* 是 21 世纪现代版的"托马斯小火车"。采用童声对白，画面鲜艳，所有角色都动感十足，火车开起来都嗖嗖地，充满现代的快节奏。是比托马斯更让孩子着迷的小火车。

### ● Super Why 系列

《阅读魔法》这部动画片是讲阅读的，每集都会让孩子学点单词，属于寓教于乐的教学片，适合孩子在 6 岁学拼读时看。故事发生在一个叫"故事书"的村庄里，打扮成超人模样的 Super Why 总是能够一次次地解决出现的难题。每集 24 分钟。

### ● The Magic School Bus

*The Magic School Bus*（《神奇校车》）有动画片，有绘本，有章节书，还有游戏 CD-Rom。该片讲的是一个小学科学老师带孩子们坐上神奇校车，进行各种奇妙的科学之旅的故事。这个校车可以变大、变小，能上太空、入海底，钻入人体、计算机……到处去探索。看这个动画片很长知识。

上面是一些例子，还有一些英国、美国的电视节目、英语教学节目也可以看，比如迪士尼的《米奇妙妙屋》（*Mickey Mouse Clubhouse*）；Nick Jr.（美国一儿童电视频道）的《爱探险的朵拉》（*Dora the Explorer*）、《迪亚哥》（*Go Diego Go*）；PBS 的《西德科学小子》（*Sid the Science Kid*）；BBC 的《动物街

64 号》（*64 Zoo Lane*）；日本的《巧虎学英语》（*ABC Bubbles*）；国产洪恩的 *Hello Teddy* 等。这些都可以在网店买到。

### 3）读

家长给孩子读分级读物；或者让孩子一边听分级读物的音频，一边看书；或者让孩子用点读笔点读。注意事项：

- 分级读物家长念

- 启蒙阶段念过就算

- 读物留着 6－7 岁自己阅读

- 也就是说，读物会利用两遍

读分级读物的意义在于：家长所说的语言局限于日常口语，而读物里的语言是书面语言，是对口语的有益补充。另外，家长所说的口语并不一定标准地道，而英美作者编写的读物，在语言上是值得信任的。儿童的英语启蒙，可以充分利用分级读物。

如果家长的英语语音好，可以给孩子以讲故事的形式念分级读物。在温馨的气氛中，家长用手指着图画里相应的东西读。比如，读到猫，手就指着猫；读到老鼠，手就指着老鼠。孩子要是不明白，就学学猫叫，学学老鼠叫。要读得绘声绘色、比比划划，让孩子觉得听英语故事真有趣。只要求孩子听，不要求孩子认读，暂且忘记文字，就当是讲故事，让孩子看画面，理解"声音"就行。

再强调一遍：在 3－5 岁启蒙阶段，分级读物家长念过一遍就算了（当然孩子喜欢的可以多讲几遍），不需要让孩子读。但是，这些读物留着，到孩子六七岁的时候，学完自然拼读就能自己读了。也就是说，读物会利用两遍。

如果家长对自己的语音不自信，也不必放弃读书。现在的绘本或分级读物都带有 CD 或 MP3 音频文件，甚至有点读笔，父母可以让孩子看着书听原版录音。录音的语速慢而清晰，让孩子找到图片内容和声音的直接对应关系。

在这一阶段，推荐故事性、趣味性强的分级读物（easy readers）作为亲子阅读的资料。因为启蒙阶段不必识字，不推荐以教识字为目的的系列读物（比如 phonic readers）。

在出版社中，挑选教辅 / 读物出版社出版的系列产品。

教辅出版社举例：

- HarperCollins

- Simon & Schuster

- Random House

- DK

- Usborne

下面推荐三个系列。

**推荐一：**

HarperCollins 公司的 I Can Read 系列。这个系列有一些比较著名的主人公，如小狗 Biscuit、可笑的女佣 Amelia Bedelia、青蛙与蟾蜍 Frog and Toad 等。分为 5 个级别，见下图：

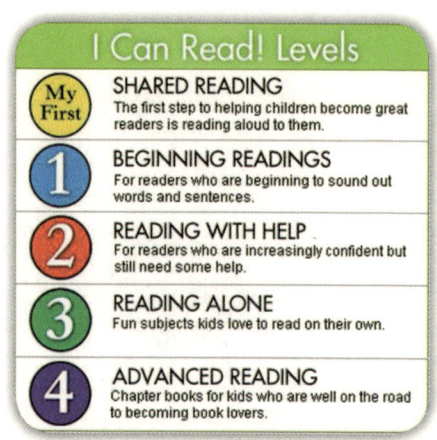

预备级

一级                                                        二级

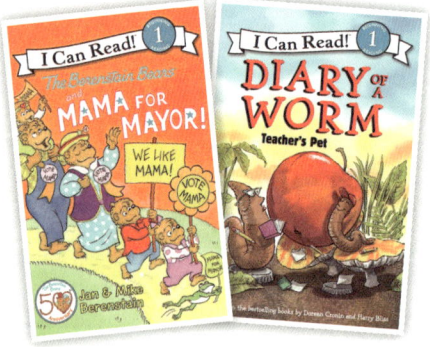                  

三级                                                        四级

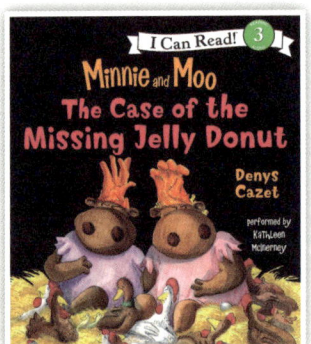                  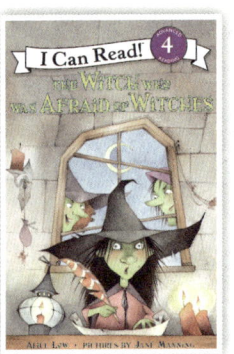

**推荐二：**

Simon & Schuster 公司的 Ready-to-Read 系列。这个系列也有很多孩子们熟悉的主人公，如斯凯瑞金色童书中的小猫（Huckle）、小猪（Olivia）、蓝精灵（The Smurfs）、亨利和大狗玛吉（Henry and Mudge）等。

该系列分为 Pre-level One, Level One, Level Two, Level Three 四个级别：

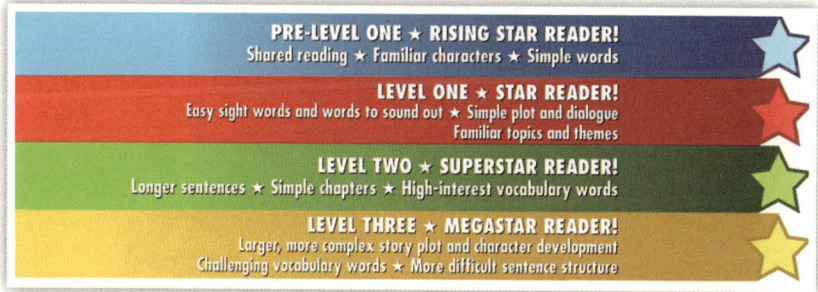

Pre-level One

## Level One

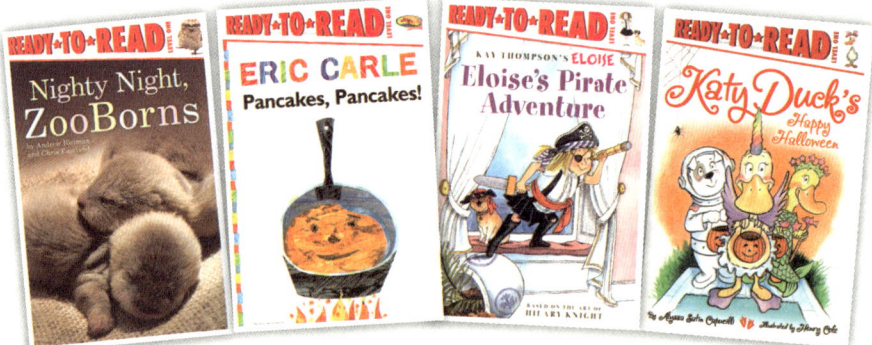

## Level Two

## Level Three

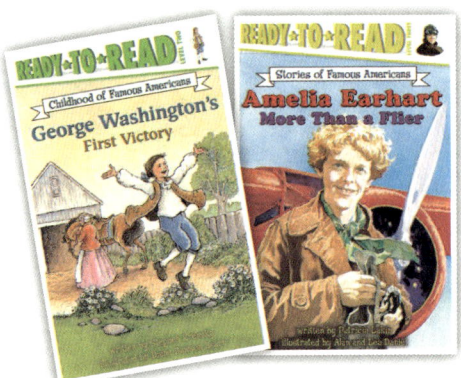

推荐三：

Random House 的 Step into Reading 系列，这个系列有五级，话题比较丰富。

### 一级 ready to read

### 二级 reading with help

### 三级 reading on your own

### 四级 reading paragraphs

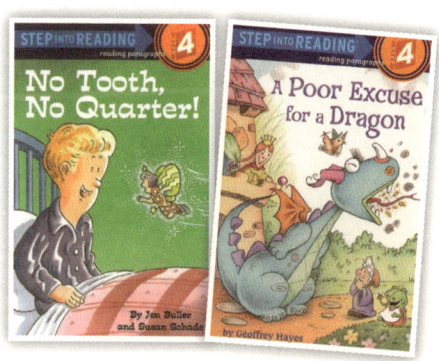

### 五级 ready for chapters

我国原版引进的分级读物，如：《朗文机灵狗故事乐园》、《体验英语少儿阅读文库》、《杰克和吉尔的阅读系列》等，不太适合启蒙阶段。因为这几套读物都是教材类出版社为了"自主阅读"、"认字"而编写的。孩子在启蒙时期应该大量听，积累听力词汇，而不要求认读。这些教认读、教拼读、学习性强的读物不合适。这种读物因为要受词汇的控制，故事较枯燥，没有 I Can Read 和 Ready-to-Read、Step into Reading 这几套教辅类出版社出版的产品那么时髦有趣。简而言之，启蒙阶段的亲子阅读，应该选取故事性、趣味性强的读物。

另外提醒大家注意，我推荐的这几个 easy readers 系列也是从不认字 — 认字 — 独立阅读的完整体系，作为给 3 - 5 岁儿童使用的亲子阅读材料，通常只选取它们的前两个级别。后面的级别，由于内容上知识性加强，厚度上页码增多，适合 7 岁以后，让孩子独立阅读。

### 4）听

听故事、歌曲。

裸听一些简单的音频，最好是孩子已经熟悉的内容。比如，看过的故事书的音频、从看过的动画片中提取出来的音频、看过的 flash 故事和歌曲的音频、已经学会的歌曲等。裸听因为没有情境，对听力的要求较高，所以在启蒙阶段，尽量听已经看过或学过的内容。比如，读过《典范英语》的故事，可以放 CD，反复听孩子感兴趣的一些故事。看过《小乌龟富兰克林》动画片后，提取动画片的音频，再听一遍。学过了一首儿歌，可以反复听这首儿歌。

当孩子玩玩具、休息时，拿童谣、儿歌当背景音乐放；开车出行也可以重复播放孩子喜欢的歌曲、歌谣。

儿歌的一些推荐：

- *Wee Sing*《唱歌啦!》

- *Walt Disney Records: Children's Favorite Songs*《迪士尼最受欢迎的儿歌》

- Little Fox（英语线上动画图书馆）的 flash 儿歌系列

- 《英文经典歌谣一起唱》

- *Susie Tallman: Children's Songs—A Collection of Childhood Favorites* 苏西·托曼《孩子的歌——经典英文儿歌集》

- *Ralph's World*《英文儿歌歌王》

- *Mother Goose*《鹅妈妈童谣》

　　儿歌听得多了，家长就可以鼓励孩子唱出来，和孩子一起大声唱。歌曲、歌谣对儿童的英语启蒙十分有益，能够帮助儿童建立对英语韵律、节奏、语调等的初步感觉，边唱边跳有助于对内容的理解，也能提升儿童对英语的兴趣。洪恩有一套电视节目，教唱了一些基本的英语歌曲，如"Happy Birthday"等。5 岁时的 Gary 对这些歌曲很感兴趣，站在沙发上扯着嗓子跟着唱，现在我还能回忆起那个有趣的情景。

上面4种启蒙方式没有严格的时间顺序，可以同时实施，为孩子创造"立体"、多元的语境，也可以选孩子喜欢的方式重点实施。建议3－4岁的孩子在家练"内功"，不必上培训班，但要为5岁上培训班做必要的听力上的准备。

## 2.5岁

■ 积累至少1000听力单词

■ 开始外教口语班：为的是说

前面说了，孩子在3－4的岁不用上培训班，可以在家通过各种方式积累听力词汇。当家长觉得孩子大概有了1000词的听力词汇量时，就可以报外教小班了。推荐在孩子5岁时报一个外教口语班，跟着发音好的外教学。如果孩子已经有了1000听力词汇量，那么在外教的课堂上，外教所说的话他都能听懂，他就会得到老师的表扬，获得很大的成就感。在外教生动活泼的教学中，孩子开口说英语不是难事。"可理解性输出"是"二语习得"的另一个概念，小孩为了说会更加用心地模仿，听力会有更大进步。

孩子上培训班的同时，家里的各种输入要继续进行，因为培训班的课时太少，功夫还是在家庭之内。那种把孩子往培训班一送就什么都不用管了的想法是不对的。5岁的目标是通过培训班和家庭的大量输入，继续积累听力词汇，争取在6岁时达到3000词。

# 二、扫盲阶段：6岁

■ 继续听，积累3000听力词汇量

■ 报班学自然拼读

■ 读 phonics reader

■ 把听力词汇量迅速转化为阅读词汇量

在6岁这一年，要继续听故事、看动画片，继续积累英语听力词汇。孩子

的听力词汇差不多到 3000 词的时候，表现为看 *Arthur*、*The Magic School Bus*、*Avatar*（《降世神通》）这样的动画片都能理解的时候，为孩子报一个班，系统学习自然拼读。最好报外教讲的班。用一个学期的时间，把自然拼读学完。学的时候，要配合教材读相应的 phonics reader，一边学一边练。通过自然拼读的学习，把听力词汇量迅速转化为阅读词汇量。

关于教自然拼读的教材、读物和电视片、软件，我给大家举一些例子。

专门教拼读的教材有很多，比如：

### Hooked on Phonics

  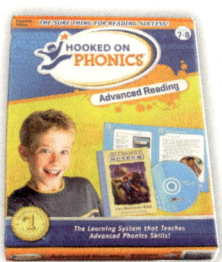

### Phonics Kids

本世纪出版的综合教材，一般都有自然拼读内容，比如牛津大学出版社出版的 Let's Go 系列教材中的 phonics 教材。

其他一些 phonics 教材，例如：《拼读乐园》（*Phonics Wonderland*）；《快乐拼读速速成》（*Jolly Phonics*）；*Zoophonia's Kids*。

学完了教材，就得用 phonics 读物来练习拼读。phonics 读物有很多，基本上每一个大的分级读物系列的前两级，都是 phonics 读物。如前面介绍过的 I Can Read 系列，每个著名主人公都有一套 phonics 读物。

《外研社丽声拼读故事会》（*Songbirds Phonics*）是引自牛津大学出版社的拼读读物。Usborne 公司的 Phonics Readers 系列也不错。

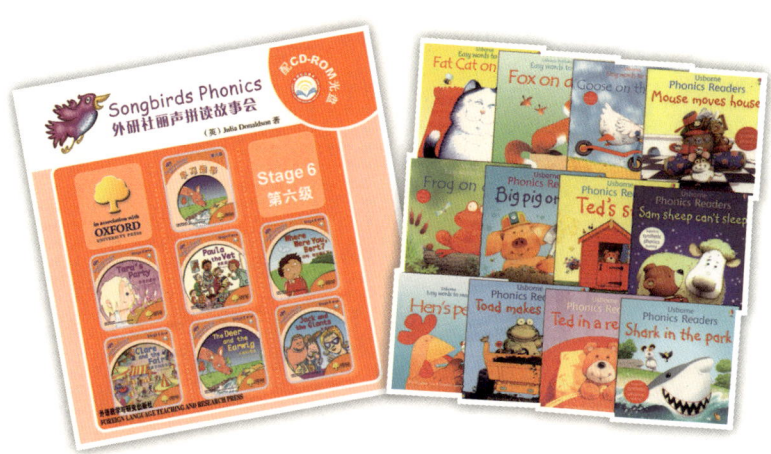

还有教 phonics 的电视教学片，比如 *Between the Lions*（《我们一家都是狮》），*Leap Frog Phonics Farm*（《跳跳蛙》），BBC 的 *Phonics with the Alphablocks*、*Fun with Phonics*。

有教 phonics 的教学软件，如 *Reader Rabbit*（"聪明兔"系列）。

有教 phonics 的网站，比如 Star Fall（http://www.starfall.com/）。该网

站有 flash，还有交互式的游戏和电子书，能帮助孩子学习 phonics 和提高初步阅读能力。

自然拼读对于学过汉语拼音的中国孩子来说，并不难，是一种很好掌握的知识，可以利用短期学习班突击学习。我不同意安妮鲜花和海岚等人的观点，她们认为学龄前儿童应该重视节奏和韵律的习得，要花大力气学习音素和音位，头韵和尾韵等等。我认为她们是把外国孩子的做法照搬到中国来了。对于中国孩子来说，韵律、押韵，甚至拼读，根本就不成为问题，学过拼音的孩子没有谁会不知道汉字是由声母和韵母拼出来的。给一个单字，小孩就能写出拼音。我认为中国孩子突击学习自然拼读就可以，关键在于学了就练，在读 phonics reader 的过程中不断巩固拼读知识。另外，我主张跟随老师学习 phonics，不要自己在家自学。因为自然拼读是一种专业性较强的知识，很少有中国家长能够驾驭。

## 解密自然拼读

关于自然拼读，市场上的培训班有一些虚假宣传，很多家长并不太清楚它的实际作用。我给大家解释一下自然拼读的要点。

第一，它是学阅读的工具，不是背单词、读单词用的。拿它背单词、读单词，是外语学习者对这个母语学习者的方法的演绎。它顶多能部分实现"见词能读、听音能写"的功能，解决不了所有单词的发音和拼写问题。

第二，学习自然拼读有一个前提，就是必须有大的听力词汇量。这就是我为什么总强调学前积累3000听力词汇的原因。前面讲过自然拼读的原理是这样的：拿桌子这个词举例，一个母语小孩看到 d e s k 这四个字母之后，就用自然拼读的规则去发音，/d/-/e/-/s/-/k/，哦，desk呀！一听到音，他就懂了这个词的意思了。也就是说，自然拼读是一种解码的能力，印刷物上的文字，孩子通过解码把文字的音读出来，同脑海里早已有的音一印证，就明白了单词的意思，他就能读懂书上的字了。如果小孩脑海里事先没有输入这个词的音和意思，那么即使读出来了也不知何意，就没什么大用了。

第三，自然拼读顶多能解决70%-80%的"见词能读"，因为英语里只有这么多的词是规则的，还有一些不规则的词要花力气整体记忆。在6岁的时候最好整体记忆100个高频词(sight words)，作为自然拼读的补充。

　　总结一下，自然拼读上接听力，下接阅读。孩子通过自然拼读，把脑海里的听力词汇迅速转化为阅读词汇，通过一两年的学习与练习，在七八岁的时候就能具有3000多词的阅读能力，读章节书，读小说，阅读水平足以傲视高中生。走二语习得之路的小孩最好学一下自然拼读。

## 三、全面发展阶段：7-9 岁

### 1. 7 岁

- 报班学一套教材

- 开始正式学语法、精读、拼写、写作

- 泛读分级读物 300 - 1000 本

7 岁时，孩子的逻辑思维已经萌芽，可以对他们提出更高的要求了。

在英语的学得方面，我建议当孩子 7 岁时，家长给孩子报一个好的课外班，学习一套综合教材，正式开始读写的历程。从 7 岁起可以跟着教材学一些语法。由于孩子听说已经很好，脑海里已有大量句子，学起语法来已经有总结的感觉，比只学教材的孩子理解得快。精读，也是从 7 岁开始。所谓精读，就是一句一句地朗读出来，还要学习词汇、练习拼写、学习语法、做阅读理解题、分析作者意图。精读应该从短篇开始，到了 8 岁过渡到读一本初级章节书。精读需要老师领着读，不是家长能操作得了的，反正我是不行。让我儿子在家做题，那是相当难的。课堂上因为有其他小朋友比着，更容易实施比较枯燥、有挑战性的教学。拼写和写作也是从 7 岁开始正式抓，跟着综合教材的进度练就可以。孩子听话的，可以让他写些小日记。

习得方面，在家大量听、大量读。这时的听，可以看一些复杂的动画片，如《名侦探柯南》（Case Closed 美音版）、《单词女孩》（Word Girl）、《降世神通》（Avatar）、《少年骇客》（Ben 10），也可以看一些当下流行的卡通电影。如果想保护孩子的眼睛，也可以放弃动画片，开始裸听章节小说。关于裸听小说，我在第五章的 "儿子的英语评书" 中，会有详细的介绍。大量读指在 7 岁要泛读至少 300 本分级读物。前面讲了 6 岁读的 phonics reader, 那么 phonics reader 和这里讲的分级读物（leveled readers / graded readers）是什么关系呢？ phonics reader 也属于分级读物，分级读物是一个大的体系，phonics reader 是这个体系的最低级，预备级，相当于学前班和 1 年级的内容。

7 岁，我们进入小学阶段的分级读物体系。

英美国家的教育类出版社，尤其是教材类出版社，均有自己的大型分级读物体系，一个体系通常有 800 多本书。教材类出版社的分级读物大多按照学生的年级来编排，进主流课堂，学习性强，phonics 的教学扎实、细致。我推荐这种读物。

国外教材类出版社举例：

- Scholastic

- Houghton Mifflin Harcourt

- Oxford

- Scott Foresman (Pearson)

- Macmillan / McGraw-Hill

如果能买到原版读物（现在当当网等网站就有售，但不全），我推荐国外教材类出版社出版的、分年级的分级读物。如：

1）Scholastic 公司的 Accelerated Reader、Guided Reading、Lexile® Leveled Library 系列。每个系列都是集 Scholastic 公司之大成的精品，是美国主流课堂用的 Reading Program。

2）海尼曼（Heinemann）公司（隶属于 Houghton Mifflin Harcourt 集团）的 Fountas and Pinnell Leveled Literacy Intervention Books 系列。Irene Fountas 和 Gay Su Pinnell 是两位分级读物专家，她们创设的 A-Z 分级体系被广为应用。

3）牛津大学出版社（Oxford University Press）的牛津阅读树系列（Oxford Reading Tree），这套读物是英国课堂用的。

4）加州教材 Treasures（出版社是 Macmillan/McGraw-Hill）教材及其配套读物；

5）哈考特公司（Harcourt）（隶属于 Houghton Mifflin Harcourt 集团）的分级读物；

6）Houghton Mifflin Vocabulary Readers；

7）Houghton Mifflin Harcourt 的教材 Journeys 配套分级读物；

8）Scott Foresman Reading Street（Scott Foresman 隶属于 Pearson 集团）系列。

这些公司大多是教材出版商，对如何教孩子阅读、如何让孩子阅读，了解得最为深刻。它们的很多读物走进了课堂，经过成千上万小学教师的检验，最值得信赖。在巩固拼读成果、逐级阅读的 7 岁年龄段，建议用教材出版社出版的分级读物。

我儿子幼儿园和课外班用的分级读物是 Reading A to Z 系列。Reading A to Z 是个著名的分级阅读网站，注册交费后，能打印出小书来阅读，阅读后有练习题。这是一套庞大的体系，Gary 随着课程进度从 A 级读到了 Y 级，读了几百本小册子。Reading A to Z 的出口 Z 级，是美国小学 5 年级水平。这个系列的缺点是平淡、趣味性不强。

我国也引进了一些国外原版的分级读物系列，如：

■ 朗文机灵狗故事乐园和开心小读者（清华大学出版社从 Pearson 公司引进出版的 Ready Reader 系列）

■ 杰克和吉尔的阅读系列（南京师范大学出版社从韩国多乐园引进出版的读物）

■ 体验英语少儿阅读文库（高等教育出版社引进 Nelson Thornes PM Books，一个英国的儿童阅读系统）

■ 泡泡剑桥儿童英语故事阅读（西安交通大学出版社引进的 Cambridge Storybooks 系列）

■ 国家地理儿童百科（外语教学与研究出版社）

■ 典范英语（牛津阅读树）

■ 培生儿童英语分级阅读（引进版的 Pearson 公司的 Storyworld 系列）

国内引进版的读物比起原版读物更容易买到，用这些系列也是不错的，尤其是机灵狗、典范、培生，比较适合学外语的儿童。Gary 很喜欢看典范英语的故事——其实是喜欢看画。

通常到了较为庞大的分级读物体系的后几级，孩子的阅读能力已经较高，分级读物通常往知识性的 non-fiction 类发展，趣味性降低。这时，如果孩子还愿意看比较幼稚搞笑的读物，可以转为阅读教辅类出版社出版的"桥梁书"。比如下面几个系列：

### 1）Henry and Mudge 系列

这个系列是 Ready to Read 的第二级，每本 40 页左右：

**2）Mercy Watson 系列**

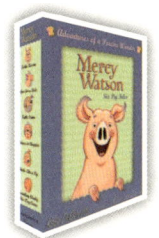 

**3）Black Lagoon Adventures 系列**

这些分级读物，应该是 7 岁的重头戏。我的建议是至少泛读 300 本，Gary 大概读了 1000 本。所谓泛读，就是让孩子选书，读他喜欢的。我们现在的资源很多，淘宝、当当、京东等网站上有卖，网上有免费的 PDF，皮卡书屋等双语图书馆能借，地摊能买……总之，可以给孩子搜集很多的资源，让他选择自己喜欢的。我们宠孩子，不是给他穿金戴银，自己沦为他生活上的奴仆，而是在精神上给他一个书屋，让他 have the luxury to choose。

关于分级读物怎么读，我的观点是：教材里的文章精读，进课堂的文章精读；在家里读的分级读物，要泛读。为什么？因为精读是学得，泛读是习得。6-7 岁我们开始了学得，我们要控制好的是：习得的量，要大于学得。

## 2. 8 岁

8 岁，同 7 岁一样，要一手抓"学得"，一手抓"习得"。学得通过课外班，习得通过在家听和读。

学得方面，继续 7 岁报班学的课程，重点学习口语、语法、精读和写作。课外班最好是全英教学的，课堂上多练口语。继续学习语法。除了综合教材里的语法，也可以学习专项教材，如《朗文国际英语》（*Side by Side*），这套教材把语法和功能（function）结合得特别好。精读和写作是这一时期的重点，孩子 8 岁以后，家长寻找课外班，要更加重视读和写。教精读和写作，都是很专业的技能，一般家长难以胜任，要把这一任务交给专业的老师。精读的语篇要逐渐进阶，最好有一个体系，注意适时晋级。Gary 的课外班用的是 Reading A to Z 这套读物，8-9 岁，Gary 从 M 级读到 Q 级，我认为进度太慢了，很着急。最后我实在难以忍受这个缓慢的进度，把 Gary 转了出来。在 8 岁后还要开展写作的练习，通常先写记叙文，能把记叙文写得生动，就很不错了。

习得方面，在家听和泛读章节书，听的书要比读的书程度高，孩子在 8 岁这一年内至少听、读两个大的系列，听 + 读总量要达到 100 本。章节书就是 chapter book，孩子在 7 岁读完至少 300 本分级读物（graded readers / leveled readers），8 岁就要进入初级章节书（early chapter book / transition books）的阅读，这是一个飞跃。建议在孩子 8 岁这一年至少读 25 本初级章节书。

下面介绍一些我认为好的初级章节书系列：

**两个入门系列：**

### 1）Junie B. Jones 系列

Junie B. Jones 是一套最初步的章节书。讲的是一个淘气、调皮的小女孩从 K 级（学前班）到 1 年级经历的各种麻烦、好玩的事情。这套书用词简单，故事很有趣，很贴近孩子的心。音频非常精彩，孩子能听得开怀大笑。这套书可以先听后读，会令孩子对美国小学有一个初步的了解。

### 2）Magic Tree House 系列

这是比较经典的一个系列，2013 年出到 50

本。写的是兄妹俩穿越时空的各种奇遇，带孩子去世界各地和历史上的各个时期，体验世界历史上所发生的一系列重要事件，比较长知识。还有同系列的 non-fiction 书，叫 research guide，Gary 更喜欢 research guide。这套书的有声书是作者本人朗读的，读得非常平淡，可以说是精彩的故事，乏味的朗读。从第一册到五十册，书不断增厚，词汇量不断增加，是一套很好的入门级章节书。

### 三个破案系列：

#### 1）Cam Jansen 系列

Cam Jansen 是个小女孩，她有一种特殊的才能，看见什么场景或人物，能像拍照那样记在脑子里。由于这种特异功能，她帮助警察破了不少案子。

#### 2）A to Z Mysteries 系列

这套书是另一个小学生破案系列，按 A 到 Z 的顺序排列，共 26 本。讲的是三个孩子碰到各种案件，运用线索，调查研究，推理，最后抓住罪犯的故事。

#### 3）Jigsaw Jones Mysteries 系列

这套书讲的是一个叫 Jigsaw Jones 的小男生和他的同伴 Mila 破案的故事。

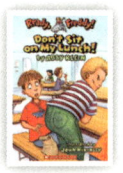

四个小男孩为主人公的系列，或脓包，或淘气：

1）Ready Freddy 系列

这套书的主人公是 1 年级的小男孩 Freddy，是男版的 Junie B. Jones。这套书内容十分搞笑

2）Horrid Henry 系列

Horrid Henry 讲的是一个小捣蛋鬼的故事。他有着许多许多的鬼主意，总闯祸。他有一个跟他反差很大的弟弟叫 Perfect Peter。这个系列有动画片，有书，有 MP3，还出了 3D 电影。

3）Horrible Harry 系列

3 年级的小男孩 Harry 遇到一些奇怪可怕的事情，看他是如何解决的。

4）The Zack files 系列

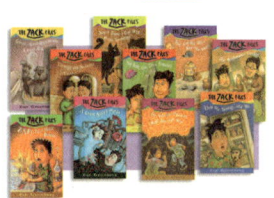

讲的是一个小男孩 Zack 和发生在他身上的一些稀奇古怪的事情，这个系列还被拍成了科幻电视剧。

Arthur 系列

前面提到的 Arthur 系列有动画片，也有一系列的章节书。讲的是小学生 Arthur 的小学生活。

My Weird School 系列

很好玩的一套初级读物，讲的都是学校里发生的故事。

Captain Underpants 系列

或译作：《内裤超人》。这是一套搞笑的漫画

书系列，小男孩都喜欢看。Gary 有一次剃了平头，照镜子说："我怎么这么像内裤超人啊！"

### Geronimo Stilton 系列

或译作：《老鼠记者》。这套书隆重推荐，是 Gary 在 2－3 年级时最喜爱的故事，50 多本书一本不落全读过。看完了就等着出新书，出一本买一本。他最喜欢这种有背景知识的书，大瀑布、纽约、日本、威尼斯、澳大利亚，跟着 Geronimo 去世界各地旅游。而且，Geronimo 这只胆小怕事的老鼠总是那么倒霉，不是被砸，就是被踩，总之，总能令幸灾乐祸的小男孩哈哈大笑。另外，这套书的排版实在太有特色了，那些单词经过精心的设计，本身就能传达意思，比如，cold 这个词上面就会画有冰。Gary 看这套书看出了名堂，学了很多关于老鼠的表达方式，比如，他告诉我，在老鼠的世界里，下水道的井盖叫 mousehole；体育精神叫 sportsmouseship；手绢叫 pawkerchief。而且，我发现，他写的英语作文，越来越透着一股老鼠味儿：夸张、动感、热闹非凡。

### Judy Moody 系列和 Stink 系列

3 年级的女孩 Judy Moody 和她的弟弟——2 年级的 Stink——都很有趣，这个系列也被拍成了电影。

### The Secrets of Droon 系列

幻想小说，几个孩子的神奇探险故事。该系列包含 44 本书。

**The Boxcar Children 系列**

4 个孤儿流浪探险的系列故事，描写细腻。故事情节虽不如上面几套书那么跌宕起伏，但当故事听还是可以的。

### 3.9 岁

进入 4 年级，儿童对学习的内容更为关注了，能"正经"地学习了，游戏等在低年级受欢迎的教学，到了这个时候，其增进趣味性的重要性就降低了。

学得方面，继续深入学习精读、写作。如果有精力，可以考取 PET 证书。

习得方面，可以看儿童电影、为孩子拍摄的科普教学片、读图文并茂的科普和社科书籍（non-fiction）、听英文小说。4 年级的重头戏是读中级章节书（chapter books）。这时候的孩子，能够阅读情节曲折、语言优美的儿童文学了。建议在这一年至少读两个大的系列的中级章节书，总量不少于 25 本。听的量也要保证每天不少于半小时。听和读的章节书加起来，建议不少于 50 本。

**中级章节书推荐：**

### 1）Goosebumps 系列

这套书系列名叫"鸡皮疙瘩"，故事自然都是很吓人的。这套书最好到 9 岁以后看。年龄这件事很神奇，9 岁之前很害怕的事情，9 岁以后就不怕了，有些孩子还看得挺带劲。

### 2）The Spiderwick Chronicles 系列

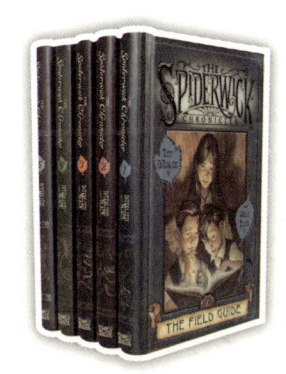

中文译作《奇幻精灵事件簿》：13 岁的姐姐玛洛丽和 9 岁的双胞胎兄弟杰瑞及西蒙，在父母离婚后和妈妈一起搬到亲戚在乡下的一栋古老的大房子里，没想到在这里，竟发生了一连串稀奇古怪的事情。为了调查家中的神秘事件，杰瑞在无意间发现了一间密室，也意外地在阁楼里找到一本记载精灵的怪书，当杰瑞勇敢地翻开这本书后，一切都发生了改变。这套书的其中一本已经被拍成了电影。Gary 一边摆弄着玩具，一边听这套小说，说是想象着精灵和他的玩具一起玩。

### 3）Diary of a Wimpy Kid 系列

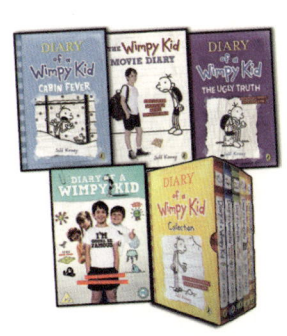

《小屁孩日记》是美国畅销儿童漫画系列，贴近生活，语言幽默，图像有趣味性，很多孩子都很喜欢。全书使用小孩日记体语言，完全符合孩子的口吻。故事的主人公格雷是一个念初中的孩子，他善良、诚实、聪明、爱玩，满脑子的鬼点子。他的妈妈让他记日记，

他除了松散地记录了一些生活琐事之外，还画了许多漫画。在日记里，格雷记叙了他如何驾驭充满冒险的中学生活。这套书也改拍成了电影。

### 4）Roald Dahl 的作品系列

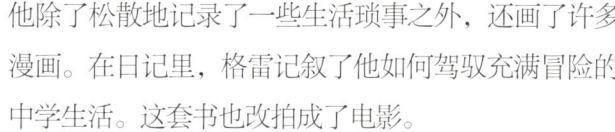

英国作者罗尔德·达尔（Roald Dahl）的书受到很多人推崇，虽然部分书的内容有点阴暗，但我觉得大多数都还挺好看的。其比较著名的作品有《查理和巧克力工厂》（*Charlie and the Chocolate Factory*）、《詹姆斯与大仙桃》（*James and the Giant Peach*）、《玛蒂尔达》（*Matilda*）、《女巫》（*The Witches*）、《好心眼儿巨人》（*The BFG*）、《了不起的狐狸爸爸》（*Fantastic Mr Fox*）。

### 5）Beverly Cleary 的作品：Ramona 系列；Henry 系列；Mouse 系列

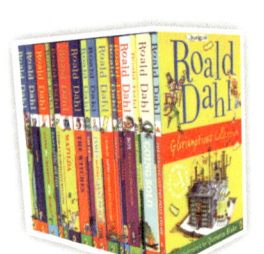

贝芙莉·克莱瑞（Beverly Cleary）是获得过纽伯瑞奖（Newbery Medal）的作家。Ramona 系列讲的是小女孩 Ramona 和她的姐姐 Beezus 的生活；Henry 系列讲的是小男孩 Henry 的生活；Mouse 系列讲的是一个小老鼠的故事。Beverly Cleary 的书十分生活化，很动人，推荐。

### 6）Judy Blume 的作品：Fudge 系列书

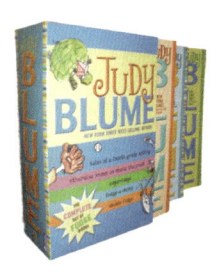

朱迪·布卢姆（Judy Blume）的 Fudge 系列，是以 Fudge 的哥哥 Peter 的角度写成的。对 Peter 来说，自以为聪明厉害的弟弟 Fudge 根本是个大麻烦！故事轻松、搞笑，孩子都会喜欢。

### 7）Andrew Clements 的学校生活系列

安德鲁·克莱门斯（Andrew Clements）是美国校园小说第一人，他把学校的生活描写得活灵活现。读他的系列书，可以了解西方校园生活的方方面面。他最著名的作品即是他的第一本作品 *Frindle*（《我们叫它粉灵豆》）。

### 8）The 39 CLUES 系列

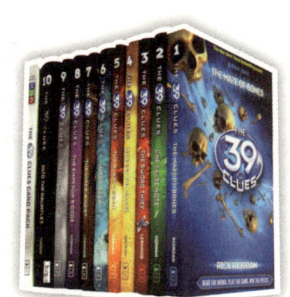

《39 条线索》这套书很精彩，是步入 4 年级，希望读一些有历史、地理知识的学生的好读物。这套书讲的是姐弟俩在世界各地冒险的故事，如在威尼斯、俄罗斯、中国等地。Gary 很喜欢关于中国的第八本，后来把这套书的第二部 Cahills vs. Vespers 也读了。目前，这套书的第四部正在出版，电影正在拍摄。

### 9）Guardians of Ga'Hoole 系列

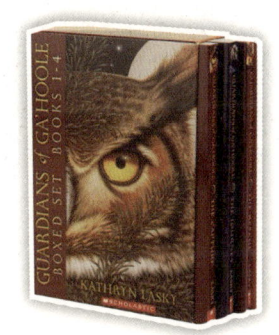

《猫头鹰王国的守护者》系列，有人说它像《指环王》，有人说它像《射雕英雄传》，总之，这套书描写的是一个令孩子着迷的神奇猫头鹰的战争世界。有 3D 电影。在茂密宁静的仓鸮森林，小猫头鹰索伦无比迷恋"守护者"的传说。据说很久以前，邪恶"纯种者"（草鸮）国王压迫猫头鹰子民，关键时刻守护者挺身而出，打败了国王及其爪牙，但失败者从未放弃复仇的念头。憧憬古老传说的索伦令哥哥库鲁德颇为气恼，以至于被哥哥从树上推下。两只还没学会自由飞翔的小家伙跌落到危机四伏的地面，兄弟俩被抓到神秘的圣鸮学校，他们在这里接受严格的训练，学到不同的技能，而猫头鹰王国沉寂已久的战火即将再次点燃……

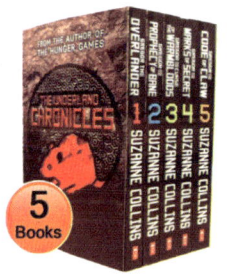

### 10）The Underland Chronicles 系列

《地底记事》系列：11 岁的 Gregor 和他两岁的妹妹 Boots，从他们纽约公寓的洗衣房里的一根管子进入了地下的一个奇异世界。这套书讲述了地底世界里紫眼人、蝙蝠、大老鼠、蟑螂、蜘蛛大战的故事。

### 11）Percy Jackson and the Olympians 系列；续集 The Heroes of Olympus

《波西·杰克逊》系列和《奥林匹斯英雄》系列作者雷克·莱尔顿（Rick Riordan）早年是一位教英文和历史的中学老师，同时也是两个男孩的父亲。Percy Jackson 这套书就是他给大儿子讲睡前故事时构思出来的。Rick Riordan 将希腊神话角色巧妙地融入现代动作冒险故事框架中，让众神角色更富血肉，让人着迷。又融入了作者对青少年的了解，将故事主角叛逆又幽默搞笑的性格，描写得跃然纸上。故事主角波西拥有超乎常人的经历与魔力，与天神界结下不解之缘。一幕幕惊心动魄、悬疑刺激的大场面，揭穿叛乱和惊天阴谋，透过文字给小读者无比广阔的想象空间。小说改编的电影已出了第二部。Gary 非常喜欢 Percy Jackson 系列，每一本都听了若干遍，有一本竟然听了 7 遍！如果说 3 年级的 Gary 写作散发着"老鼠味"（受 Geronimo 系列影响），那 4 年级的 Gary 写作就有了"Percy 味"，Percy Jackson 被 Gary 评为中级章节书中的第一名。

# 四、提高阶段：10-12 岁

## 1. 10 岁

5 年级是关键的一年，儿童在 10 岁之后，在认知方面会有大幅飞跃，由形象思维向抽象思维过渡。他们的大脑逐渐具有了概括能力、推理能力、演绎能力、归纳类比能力。在年龄上，孩子们已经属于 pre-teen 阶段，已经不满足于"小儿科"的材料。

在"学得"方面，5 年级的重点是由"通用英语"向"学科英语"和"学术英语"转变。我建议在这一年加大学习读写的力度，系统复习语法知识，提高读写综合能力，并开始向学科英语和学术英语过渡。学习词汇的构成原理，大幅扩充词汇量，目标是认读 6000 词汇。同时，学习 FCE 备考课程，在 5 年级下学期考取 FCE 证书。FCE 是剑桥考试的第三级，这个考试要求很高，阅读的语篇难度相当于高考了，而 6000 词的词汇量大大超出了高考的 3500 词。这 6000 单词不能光靠背，要在阅读中学习。并且，该考试要求考生有广泛的知识面，强大的逻辑推理能力，良好的学习策略，熟知西方社会和文化。在听力和阅读方面，更要求学生能够听出和读出暗含的意思，在口语方面要求流利的沟通能力。这个考试，没有课外大量的听读打基础，是无法通过的。

在"习得"方面，家长在选取听、读材料时，要致力于挑选能带给孩子智力上的挑战、批判思维和逻辑启蒙的东西，并着力扩大他们的知识面，用英语广泛阅读历史、地理、自然科学、社会科学的 non-fiction 书籍、杂志、报刊，并多看些科普节目、访谈节目、电影。在 fiction 方面，10 岁的目标是泛读或泛听高级章节书（middle grade）至少两个系列，总量不少于 50 本。

**高级章节书举例：**

### 1) How to Train Your Dragon 系列

《驯龙高手》这套书以虚构的维京人世界为背景，讲的是一个叫 Hiccup 的小男孩和他的部落驯龙当宠物的事，共 12 本。Gary 听这个故事很入迷，

说他也想有条龙。

### 2）Alex Rider 系列

或译作《亚历克斯骑士》。安东尼·霍洛维茨（Anthony Horowitz）是一位畅销书作家，非常善于制造悬念，他笔下的 Alex Rider 系列和 Gatekeeper 系列都非常抓人。同在这个年龄段大行其道的其他幻想小说不同，少年 007 系列小说 Alex Rider 是间谍故事，故事发生在现实世界。

### 3）Warriors 系列

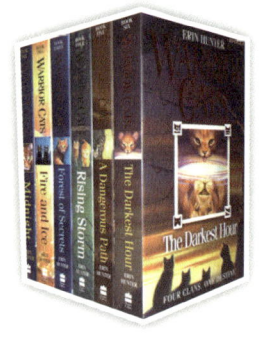

《猫武士》是一部惊险刺激的动物冒险故事，一部震撼心灵的奇幻动物小说。宠物猫拉斯特没有想到，在主人的花园外面，在幽静的森林深处，存在着雷、风、影、河四个由野猫组成的族群，他们秉承武士祖先的遗训，共同统治森林，为了生存而彼此竞争。更让人想不到的是，这只宠物猫竟成为雷族的学徒，得名火爪（成为武士后，得名火心）。火爪将如何运用勇气和智慧，克服种种困难，完成预言中的伟大冒险？

### 4）Harry Potter 系列

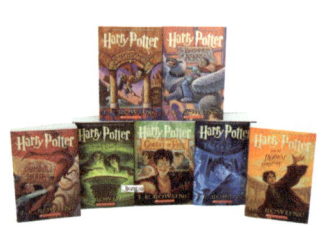

这个系列大家都很熟悉，用不着介绍了。

### 5）Pendragon 系列

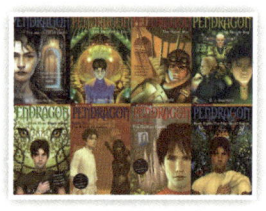

《超时空少年》这套科幻小说共 10 本，描述了 14 岁的男孩 Bobby Pendragon，一个能够穿越时空的"旅行者"，在各种疆域冒险，拯救世界的故事。Pendragon 系列是 Gary 评出的"最好章节书"第二名，

他认为比《哈利·波特》好。

### 6）The Indian in the Cupboard 系列

《魔柜小奇兵》系列：9 岁男孩奥利在生日时得到了一个他哥哥不要的小木柜，以及好友派克送给他的小印第安武士塑胶玩具。奥利把小武士放进木柜中，发现小武士竟然会动，后来更进一步知道小武士竟是个真人，不禁大为兴奋。不料派克将一个牛仔玩具也偷偷放进木柜中，引发了牛仔与印第安人的一场战争。

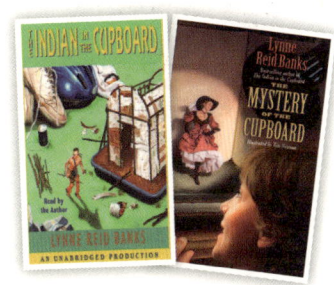

### 7）Charlie Bone 系列

这是一套 8 本的奇幻冒险故事。讲的是古代一个红衣国王魔法师，10 个子女分别继承他的部分魔力，其中 5 个走向邪恶，另外 5 个被逼走。他们的后代不时出现遗传祖先魔法能力的孩子，正邪之间的冲突也从未停止。本书的主人公 Charlie Bone 偶然发现自己的超能力——能听到照片里人物的声音，后被邪恶的奶奶强制送到城中教育超能力孩子的学校。在那里他结识了其他具有魔力的红衣国王的后裔，开始了一系列冒险行动，最终当然是正胜邪的结局。情节曲折有趣。

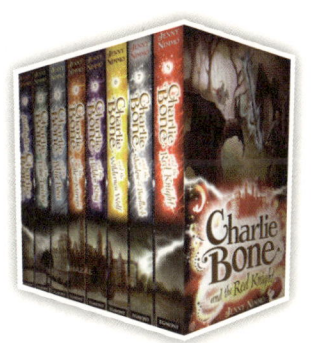

### 8）Horrible Histories 系列

Gary 特别喜欢这套以搞笑方式讲述历史的书。这套书涉及古希腊、古罗马、阿兹特克、印加、世界大战以及英国历史上各王朝等，内容丰富，寓教于乐。还有配套的电视节目和有声书。

### 9) The Secret Series 系列

《秘密》这套书幽默又有悬念。作者还是匿名的，很神秘。

除了以上这些系列小说，从 10 岁起，还可以看一些单本的经典儿童文学和纽伯瑞获奖小说，以及各种机构评选出来的 Top 100 儿童小说。

在纽伯瑞获奖小说里，Gary 认为好的有：

- *Holes*《洞》
- *Hatchet*《手斧男孩》
- *Bridge to Terabithia*《仙境之桥》
- *Ms Frisby and the Rats of NIMH*《费里斯比夫人和尼姆的老鼠》
- *Sarah, Plain and Tall*《又丑又高的莎拉》
- *From the Mixed-up Files of Mrs. Basil E. Frankweiler*《天使雕像》
- *When You Reach Me*《当你到达我》
- *Bud, Not Buddy*《我叫巴德，不叫巴弟》
- *The Great Blue Yonder*《天蓝色的彼岸》
- *The Graveyard Book*《坟场之书》
- *Whittington*《惠灵顿传奇》
- *The Invention of Hugo Cabret*《造梦的雨果》
- *The Tale of Despereaux*《浪漫鼠德佩罗》
- *Everything on a Waffle*《松饼屋的异想世界》
- *Walk Two Moons*《印第安人的麂皮靴》

- *Dear Mr. Henshaw*《亲爱的汉修先生》

- *Little Town on the Prairie*《草原小镇》

- *The Westing Game*《威斯汀游戏》

- *Number the Stars*《数星星》

- *Maniac Magee*《疯狂麦基》

## 2. 11-12 岁

11-12 岁的孩子到了青春期的门口，大脑基本发育成熟，学习更加高效。

学得方面，通过 FCE 考试后，小升初所需的英语证书已经拿到了。接下来如果准备在高中阶段出国，那么可以再学一些 SSAT 课程。可以多练练写，写一些读后感。如果没有这个打算，那么只要保持一定的阅读量，到高中后期或者到大学时期再考托福、雅思，也不是什么难事了。

习得方面，所看的书籍从 middle grade 向 young adult 过渡。在 11 岁和 12 岁这两年，继续泛读和泛听高级章节书，每年至少听、读 50 本。

### 6 年级的章节书举例：

#### 1）Sammy Keyes 系列

这个系列的破案小说很有趣，情节发展快、富有戏剧性。小说中的侦探萨米是个机智勇敢的女中学生。

#### 2）Artemis Fowl 系列

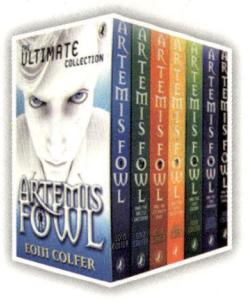

《阿特米斯奇幻历险》小说主角 Artemis Fowl 是一个 12 岁的天才少年，他绝顶聪明而又冷酷无情，一心想通过各种计谋获得财物，以此来复兴家业，但历经许多冒险后改变了价值观。Gary 对这套书非

常着迷，听了四遍后又看了一遍，是最受他欢迎的章节书中的第三名。

### 3）A Series of Unfortunate Events 系列

《雷蒙·斯尼奇的不幸历险》这套书讲的是 3 个孤儿的故事。他们的父母死于火灾，邪恶的监护人一心想得到他们的遗产。3 个孤儿各有天赋，一次次逃离了厄运。书中有很多复杂的词，但作者居然在书里一一解释了这些词，非常有特色。Gary 认为这个系列很好，听得极其投入，直为书里的人着急。有声书也朗读得很好。

### 4）The Hobbit 和 The Lord of the Rings 三部曲

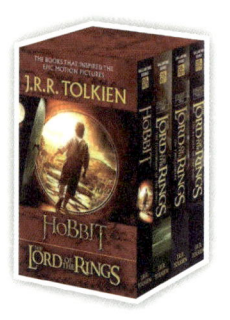

《霍比特人》和《魔戒》三部曲这两部巨作被誉为当代奇幻作品的鼻祖，激发了后世文学与艺术的无数灵感，完美地融合了史诗气派与童心稚趣，唤醒了一代代读者心底珍藏的对于冒险的渴求。必看。

### 5）The Inheritance Cycle 系列

美国青年作家克里斯托弗·鲍里尼（Christopher Paolini）写的《遗产》四部曲，是继《哈利·波特》之后的又一部畅销奇幻小说。讲述了一个年轻的龙骑士的成长经历，情节曲折，故事发生地点涵盖辽阔疆域，加上精灵、矮人等不同种族的历史和古语，颇有《魔戒》般的史诗格局。

### 6）The Hunger Games 系列

《饥饿游戏》三部曲故事讲述了北美洲在一场

大战后被摧毁，在美国原来的废墟上，人们建立了新的家园，但新政权规定：管辖下的 12 个地区每年都必须进贡少男少女，参加一档电视直播节目"饥饿游戏"。节目的规则很简单——杀人或者被杀。反乌托邦的主题，令人思考。

### 7）His Dark Materials 系列

英国奇幻冒险小说《黑质》三部曲几乎囊括了你所能想象到的一切惊险和刺激的情节。作者菲利普·普尔曼（Philip Pullman）被认为是"继《魔戒》作者 J. R. R. 托尔金之后最优秀的盎格鲁－撒克逊奇幻小说家"。

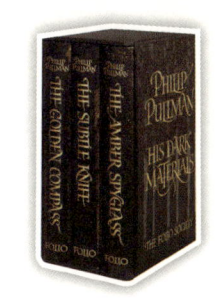

## 五、听和读两套书单，可以非此即彼

介绍了这么多原版章节书，大家可能觉得太多了，对能不能听读这么多书，感到没有信心。其实，根据我儿子 Gary 的经验，只要每天花半小时到 1 小时，听或者读，完成这些书不算什么。

Gary 用两年半的时间听读了 800 本章节书（听了大概 700 本，读了 100 本），具体用时是每天 1 小时，周末 4 小时。可能您会觉得 800 本太多了，在英语上花不了这么多时间，那么减一半，每天半小时，完成 400 本，仍是一个很可观的数字。有的孩子练钢琴，每天也是弹半小时，天天坚持，特长都是这样日积月累练成的。

Gary 喜欢听，大多数的小说是听完的。只有一小部分小说他是读完的。也就是说，Gary 的习得主要靠听。但并不是所有的孩子都像他一样爱听有声书，有的孩子就更爱读。那么，就让他大量读、少量听好了。外语学习是个性化的学习，听和读都属于输入，在初级阶段，一定要以听力为主，到了中级阶段，以哪个为主都可以。因为读会看到单词的拼写，读得多，单词就见得多，能解决拼写的问题，所以实际上，读比听更胜一筹。但听也有好处，保护视力，而且可以一

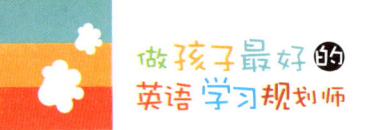

边干别的事，一边听，不占用特定的时间。

家长需要掌握的，是两条线：听一条线，读一条线。在上中学之前，始终保证"听"这条线高于"读"这条线。如果我们用美国的年级来标注图书，我建议孩子听的图书要比读的图书高两个年级。也就是说，听力比阅读先行。家长要准备两套书单，一套听的，查好高于孩子年级两年的书单，推荐给孩子听；一套读的，让孩子读和美国小学同年级的读物就可以。听过的书，孩子可以不读，也可以再读一遍，根据孩子的兴趣灵活处理。把听的和读的小说加起来，完成我在第四章中分阶段推荐的量，就完成了习得目标。

另外，我推荐的书单不可避免地带有主观意见。每个孩子的兴趣是不一样的，家长面对独一无二的孩子，要灵活地取舍。比如，Gary 不喜欢《哈利·波特》和《纳尼亚传奇》，而许多孩子就喜欢。在家中的听读，一定要尊重孩子的意见。

## 为中国儿童编写二语习得分级读物

我认为，现在市场上的英语分级读物，主要有"母语"和"外语"两种。而这两种都各有缺点。

母语读物是指英美国家为本国孩子编的读物。从我们中国孩子学习的角度来看，原版读物有如下缺点：

1) 在 3－5 岁的幼儿阶段，母语读物主要为绘本（picture book），是大人读给孩子听的。因为母语孩子在生活中已有大量的听力输入，绘本的编写主要注重的是故事好、图画美、文字美，兼具隐含的教育意义。绘本不具有体系性，本与本之间无难度上的刻意区分，根本做不到循序渐进。而对于中国孩子来说，3－5 岁是英语启蒙时期，最关键的内容是常用词汇、短语和句子的听力输入。而绘本的用词是非控制的，经常出现"非常用词"，更不会做到覆盖基本的生活用语，也没有人能排出由易到难的体系。用绘本来进行英语启蒙，是有难度、不合适的。可以说，中国孩子缺少合适的读物作为学龄前的听力输入材料。

2) 在 6 岁的自然拼读学习阶段，原版 phonics 读物完全以读音为原则来编排，有很多"非常用词"，有的词，连英语专业毕业的家长都不认识。此外，由于关注拼读规律而牺牲了故事性、趣味性；渐进性不太好，难度上突然就大跃进等。

外语读物指传统意义上专门为外语学习者编写的分级读物，如"黑猫"、"书虫"系列等。这些读物的缺点是：

1) 没有适合小小孩的入门级，经常从中级开始编，幼儿阶段更是空白。

2) 按语言难度而不是读者年龄来编排，一个级别对应的读者能相差好几岁，让家长选购起来很不方便。故事也很难针对某个年龄段的心理特点和认知特点编写，只能走泛泛的大众化的路线。

3) 在"量"上有限，难以达到习得要求的量。

基于此，我认为，"母语"和"外语"都不太适合中国孩子的二语习得，理想的读物是走中间路线的"二语"，比母语更注重启蒙阶段的体系性，比外语更有量的优势；比母语简单，比外语进阶快；应用母语里的自然拼读，又补充被母语所忽略的听力输入。

目前，我正在我的工作单位——外语教学与研究出版社，组织编写一套为中国孩子量身定做的、基于二语习得理论的大型分级读物。

我的想法是：

1) 儿童学习母语是从词汇开始过渡到句子的。如果以"二语习得"的方法学习英语，同样也要从词汇入手启蒙。二语习得的关键在于"大量的"、"有趣的"、"相关的"、"可理解性"输入，大型读物是习得必不可少的材料。

2) 总的思路是 Vocabulary Reader，目标是 12 岁时达到 5000 词汇。用基于语料库词频统计的常用词表控制每个级别的词汇。做到有体系、由易到难、循序渐进、全面覆盖常用 5000 词汇。

3) 按照年龄编排，3-12 岁，共 500 本，家长可以按照孩子的年龄购买，非常方便。

4) 在 3-5 岁时，突出亲子阅读的概念，家长读或点读、听录音看图片，以积累听力词汇为目标。到 6 岁时，覆盖最常用的 2000 词，为 phonics 的学习打下良好的、必要的听力基础（没有 2000-3000 听力词汇，孩子无法充分利用自然拼读这个工具）。

5) 6 岁的级别以学 phonics 拼读规则和 sight words 为主，帮助中国孩子打好阅读的基本功。7 岁年龄段的分级读物侧重于练习自然拼读。

6) 从 8 岁起，分级读物向 easy chapter book（初级章节书）过渡；9 岁-10 岁，初级章节书；11 岁-12 岁，中级章节书；12 岁年龄段的出口是，读完这套分级读物的孩子，可以自主阅读原版小说（如《哈利·波特》等），就完成了这套分级读物的使命。

7) 级别清晰、目标明确、进阶合理、话题丰富。词汇循环复现；语法螺旋上升；考虑中国学习者特有的难点。

8) 突出趣味性：大多数分级读物都很枯燥！趣味性是这套读物的不懈追求。

9) 国际化、专业化的创作团队，打造媲美原版读物的品质。

编写大型读物和编写教材一样，是一个长期的、艰巨的任务，通常要花上两三年的时间。这种原创是耗费心力、投入巨大的，光是作者、绘者、编辑就得有几十人。但这无疑是一项很有意义的事业，有了这套读物，中国孩子的二语习得就有了一条现成的路。

第五章

我的家教手记

我的儿子 Gary，又名壮壮，5 岁开始学英语，8 岁参加希望之星英语风采大赛北京决赛，获得一等奖。9 岁参加希望之星英语风采大赛北京决赛，获得金奖。10 岁参加 FCE 考试，以 B（良好）的成绩通过。11 岁到美国无障碍插班小学五年级，跳级学六年级内容，在美国的标准化考试 SAT10 中取得了英语 99%（比 99% 的美国学生英语好）的成绩。我在本书的附录四中，列出了 Gary 的英语学习路线图，作为二语习得的一个案例，供大家探讨。在本章内容中，我将介绍我自己的一些具体做法和体会。

# 一、外语幼儿园

外语幼儿园会给孩子以先发优势，使外语启蒙轻松不费劲。孩子在外语环境中能轻易 pick up a language。我在 Gary 5 岁时，把他从公立园转到外语幼儿园上大班，当时好像在做实验一样，在 Gary 爸爸看来，甚至有些冒险的成分，他担心 Gary 适应不了新环境。

回顾这段经历，我认为这个决策是对的。外语幼儿园给了 Gary 一个外语环境，而且，外教也很有爱心，Gary 并没有感到任何不适，很快就融入了。上这个幼儿园后，Gary 的英语突飞猛进。半年后，过了听说关，100% 听懂外教的授课，能看懂《神奇校车》等正常语速的动画片。当从幼儿园毕业时，Gary 跟着同学去考了三一口语的三级，他觉得非常简单，轻松得了优秀。

在读写方面，单词拼读、阅读是 Gary 的弱项，但也达到了同龄母语小孩的水平。Gary 6 岁从幼儿园毕业时，Reading A to Z 这套读物，他阅读到了 E 级。美国学前班到小学 2 年级的 sight words 单词表，他都认识。Gary 从当初不会写字母、不会写数字，到能阅读、能写小作文，成长是显而易见的。

美国老师完全按照美国的课堂那一套来，Gary 得以体会了坐在垫子上听老师讲故事、分层教学、独立阅读、被老师罚 time-out 等等比较有美国特色的东西。这些体验和经历，为 Gary 继续跟随外教学习打下了很好的基础，也帮助他在游学时轻松适应美国的课堂。

外教各有特色，但是有共同的特点，就是爱孩子、尊重孩子。Gary 对于外语幼儿园的老师都无限爱戴，有感情。

小班教学应该是外语幼儿园最大的优点。公立幼儿园一个班二十多人甚至 30 人，外语幼儿园基本在 10 人左右，上限 15 人。而且，经常有人不来上课，所以班上的常态是 10 人以下。Gary 在这个外语幼儿园过得很快乐，好像比在公立幼儿园更快乐些。

外语幼儿园使 Gary 的英语站在了一个较高的起点上，虽然只有一年，但这一年的浸泡，其效果非常年上业余班可比。孩子的听力、语感尤其好，这是环境的力量。要想小孩英语学得好，若问有什么秘诀？什么秘诀也没有，就一条——给他环境。

## 二、儿子的英语评书

从小，Gary 就是在书的世界和盘的世界里长大的。上学后，Gary 近视了，因为眼睛的原因，遗憾地告别了书和盘的世界。在家里的英语输入，改为以裸听有声书为主。

我做了一个小学阶段听读 1000 本小说的计划，以儿童文学为主，以裸听为主。我想，虽然 Gary 不能把这些书都读到，但至少能让他听到。我花了很多时间，研究书单，购买和下载音频，并把这 1000 本小说级别查清楚，标注好分级，按年级收入文件夹。我建立了 excel 表格，登记听过和读过的书。

原来我们用一个能放 MP3 的 CD 机播放音频故事。这个机器没有记忆功能，一旦关机就只能播放下一个文件。遇到特别长的文件，在中间停止了，重听 Gary 不干，跳过一些内容往下听也不干，让我抓狂。为了解决这个问题，我还曾经自学音频编辑软件，把音频裁剪成一节一节的，还得编好号以防错乱。对于我这个技术盲来说，太不容易！后来，我想：科技这么发达了，怎么可能没有智能记忆的机器呢？于是我上淘宝，用关键词搜索，果然有这样的 MP3 音箱！一天后，一个"雅兰仕"MP3 外放音箱到手了，具有多点记忆功能，小巧玲珑，

还可以拿着到处走。很快，这个小播放器成为了 Gary 不离身的新宠。

玩玩具的时候听，吃饭的时候听，临睡觉的时候听，刷牙的时候听，泡澡的时候听，连上厕所的时候也听！Gary 是如此沉迷于听故事，根本不用我督促、逼迫，都是他自愿的。我所做的，就是关注他的进度，当他说听完了的时候，我去给他把新故事灌进去。个别时候，我犯懒说明天再拷贝新的吧，Gary 不干，催我赶紧去！

从 1 年级下学期到 3 年级下学期的两年中，Gary 听读了大约 800 本英文小说（听了 700 本，读了 100 本左右），1000 本的目标已经完成大半。能快速地完成这么多本书，有几个原因：

1）Gary 在 1–3 年级的特点是"只一遍"，不反复听或看一本书。

2）初级阶段的章节书很薄，1 天听 1 本不是问题，周末能听好几本。后来到了中级章节书和高级章节书，每本要七八小时，速度就慢了。Gary 听的强度一直都保持在每天 1 小时以上。

3）国外的儿童文学真的很吸引人，Gary 完全被故事情节所吸引，他自己要听。有时我说该睡觉了不能听了，他拿着小播放器左躲右闪，不让我关。有时他听到幽默的地方，就哈哈大笑。我觉得 Gary 的表现很像我们小时候听评书时的那种感受。想当年，我们听评书，当听到"且听下回分解"时，不也是觉得很不过瘾吗？

4）对于听什么内容，我采取"让孩子做主"的原则。一方面，我给 Gary 听的故事都是我查好的优秀作品，而且是按照级别循序渐进地推介给他的，所以没有发生过他听不懂的情况，成功率也非常高，这些故事大多受到他的好评。另一方面，我尊重他的选择，偶尔他说不好听，我二话不说就给换。

5）我通常给 Gary 听系列书，一套好多本的那种。这种系列书或是有悬念，或是特别精彩，总之会有吸引人的地方让读者一本接一本地看下去。我觉得系列书有"评书"的特点，特别适合听。而那种获纽伯瑞奖的单本小说，比较适合读。

听完一套书后，我会问一下孩子的感受，通常 Gary 会兴奋地向我说一些好笑的情节，然后我会请他给故事打个分。让孩子评价故事，给故事打分，孩子会觉得很受尊重，我也借机摸清了他的喜好，了解了他的程度。

通过大量听"英文评书"，Gary 的听力越练越强，无论是多快的语速，他都没有什么困难。3 年级的他，已经在大量听 5、6 年级甚至 7 年级的小说了。3 年级的寒假，Gary 去美国小学插班游学，插入当地 3 年级的班里，非常适应，美国老师说他 fit in extremely well。从第一天起就完全地融入，与同学、老师和寄宿家庭交流起来都很顺畅。所有的教学内容，从音乐、科学、数学、阅读，到日常用语，甚至教堂里讲的圣经，他都能听懂，所以游学带给他的，是一段美好的回忆。

听得多，他的口语就比较好，说话用词很地道，词汇量也大。我让他发挥优势去参加口语比赛，2 年级时他以良好的成绩通过了三一口语六级考试，3 年级时，他获得了希望之星英语口语大赛北京市金奖。

听书不仅仅造福了口语，还带动了阅读和写作。由于听得多读得少，Gary 的阅读在 2、3 年级时，一度落后于美国孩子，这曾经让我焦虑。但是这种落后只持续了一段时间，随着听力的大量输入，Gary 的阅读能力像三级跳远一样赶了上来，在他刚上 4 年级时，测得阅读水平为 5.6，即相当于美国小学 5 年级第 6 个月的水平，到 4 年级第二学期再测，已经进步至 7.6，即美国 7 年级（初二）第 6 个月的水平。到 4 年级末，又有了一个飞跃，达到 11 年级（高二）水平。这充分证明了听力在英语这种表音文字中的基础作用，听力能够带动阅读。Gary 的写作受听书的影响也很大。从小说里学来的地道的表达式，被他运用到了作文里，有的语法相当复杂，让人赞叹。他写出的个别词汇，我都不认识，还得查字典。外教老师说 Gary 的作文是他教过的学生中写得最好的。

## 三、习得的通病：单词拼写的瓶颈

Gary 从外语幼儿园毕业后，上了公立小学，从此失去了全天的外语环境。他一周只有两次课外的英语班，每周共四个小时，跟随外教学习。外教布置的作业很少，也不管拼写，造成了 Gary 的拼写瓶颈。很多词他听得懂、能说、能读，但不会写。非要让他写的话，他就根据读音"瞎拼"，经常有错。这个拼写的弱项越来越严重。据我了解，跟随外教学习的孩子一般都有这个毛病，Gary 的问题，也是很多孩子的问题，即：自然拼读解决不了拼写问题，拼写是要另花力气去练习的。怎么练呢？外教不抓，只好家里抓了。

我的解决方案是让他去考 PET。PET 有 3500 词的词表，考 PET 的孩子都要背单词，准备这个考试的过程就是背单词的过程。一开始，我想得比较简单，把任务拆开到半年，每天背十几个单词。可是作为家长，我执行这样的任务很不得力。Gary 根本不配合，因为是妈妈给的任务，每次都不情愿，即便在我的逼迫下勉强拼写了一遍，也是对付了事，记住的不多。

后来，我无奈之下给他报了一个"考冲班"，这个班的老师每次都要听写，因为 Gary 的听写成绩跟同学相比很差，总算给他添加了必要的压力。在考试之前，好不容易把 3500 词全过了一遍。这个过程是比较痛苦的，因为 Gary 无比反感听写单词表这个方式，想方设法地逃避。每次都是又哄又劝，软硬兼施，特别费劲。

关于单词，我有许多感慨。我自己可能是视觉学习者，在大量看到某些单词后，就记住了单词的拼法。实在记不住的，写几遍也就记住了。Gary 和我完全不同，他可能是听觉学习者，单词看着认识，可是让他拼就拼不对，总是错一个字母。但是，他完全会用这个单词，比如说，我问他什么意思，他就给我造一个句。这是记单词的最高境界啊！——会用一个词，用一个外国老师的话说，就是"own this word"。都到 own 的程度了，可就是不会拼！真叫你没辙！正因为 Gary 词汇量大，用词地道，外教都认为他水平很高，每次考完试都给他以高度评价。至于拼写，外教认为是 small things—he's got the big things right。我听了不由得叹一口气，这个拼写只能依靠家长抓了。如何让他记住单词呢？我也没有什么好办法，只好逼他抄写不会的词，学到这一步，不花一些死功夫，好像就过不了这一关。

如果我们把"记单词"分解为四个层面："单词的发音"、"单词的拼写"、"单词的意思"、"单词的用法"，Gary 居然轻而易举地掌握了发音、意思、用法这三个层面，而在我认为最简单的"单词拼写"上最感困难。可见，学习的方法不同，学习者的个体差异，学习者的年龄等等造成了人和人之间的巨大差别，每个人都应该有不同的记单词策略。

# 四、体验英语考级

## 1. 真能力就不怕考试

我常听说有的孩子按"母语学习法"学习英语，能听能说，说起来哇啦哇啦很流利，但考试不行，语法不好，考的成绩没有传统的、应试的"外语学习法"分数高。这种情况的确大量存在。

我认为这里面有几点原因：

1）有的家长重视"习得"，但走入了极端，没有让孩子在 7 岁后系统地"学得"，或者学得的比例严重不足，使孩子短了腿儿。试想，英美国家的孩子都能把英语当母语说，不也得在学校学习好几年的"language art"（语文）吗？孩子大了后，不系统地学习读写是不行的。

2）有些机构打出"感知英语"、"建立英语思维"、"思维英语"等口号，把习得贯彻到底，完全否认了学得的作用，在我看来，也走入了极端。有一个机构的老师说：转学传统教材会破坏学生们建立起来的"语感"，使"语感"前功尽弃，这是很让人困扰的说法。到了小学高年级阶段，语法、精读和写作课程不仅不会"破坏语感"，而且是进一步提高读写能力的必备课程。另外，这个机构让学生反复听中教老师的课堂录音，习得的质量也不高。

3）有些机构倡导学习"美国教科书"，"上美国小学"，但由于课时严重不足，学生难以获取母语孩子的输入量，当然就无法达到母语孩子的水平。美国教科书不讲语法，中国孩子又无法从这么少的输入中自己总结出语法，语法一塌糊涂是必然的。

我倡导走科学规划的"二语习得"之路。在这条路上，按照孩子的生理发展特点，该干什么时就干什么，不偏激，不喊口号。在幼儿阶段，大量习得，因为幼儿擅长习得，难以接受学得。在 5 岁时，加入一点学得的口语。在 6 岁时，加入一点学得的自然拼读。在 7 岁时，开始正式的学得，系统学习一套教材，学习精读、语法和写作。从此逐渐增大学得的比例，最终在小学高年级达到 50% 比 50%，习得和学得齐头并进。同时，注意保持习得和学得的质量和输入量。这样学出来的孩子，具有扎实的基本功和真正的运用能力，不会怕考试，相反，他们会是各种考试中的佼佼者。

## 2. 应考 PET 经验

PET 是剑桥五级考试（MSE）的第二级，有 3500 的词汇量，相当于雅思 4.5 分，国内的高中水平。在 Gary 3 年级的时候，我让他考了青少版 PET，Gary 考了 89 分，Pass with Merit。

关于 PET 考试，我有所了解，但一直没有详细研究过。直到觉得儿子已长大，各方面水平已经差不多的时候，才开始关注。Gary 2 年级的时候，我在剑桥大学考试委员会的官方网站上下载了样题和单词表，仔细研究了考题的语篇难度和语法难度，并和 Gary 当时学习的内容做了对比。我发现，如果课外阅读和美国孩子保持同步，那么 8 岁孩子所阅读的中级章节书，已经相当于或者超越 PET 的考试水平，8 岁孩子已经可以考 PET。后来我的确看到了一些 2 年级就考 PET 的孩子，其中一个还考了 90 分的高分。但是，有个前提是孩子必须做模拟考题，熟悉话题和题型。因为 PET 是一个面向成人的考试（青少版 PET 是面向青少年，小孩最好报青少版的），有些话题超出了小孩的认知范围。另外，在短期内大量做题，并把陷阱避开，把题做对，这个技巧需要训练。

最好的方式是报一个"考前冲刺班"，训练考试技巧，熟悉考题。我到各大培训机构的网站上一查，发现所有的"考冲班"都是每次课三个小时。一次课三个小时，我觉得太累了，孩子受不了，而且我的直觉告诉我，这种"班"肯定是很枯燥的，孩子太小，肯定呆不下去。一不忍心，就把考试推后了一年。

到了 3 年级下学期，我再拿 PET 语篇、作文等进行对比，发现 Gary 在课外班所学的，已经全面超越 PET，更加有信心。但谁知，当我带着 Gary 去报 10 次的"考冲班"，机构工作人员拿考试真题先让他测试一下时，Gary 的测试结果让我大跌眼镜：阅读差一分没及格，作文很多错字，人家"勉强"录取了他。头两次课，Gary 的总体表现也不佳，累得咳声叹气，拼写问题很突出，听写 20 个词，能错十几个。老师每次都把班里的测试成绩排名公布给全体家长，Gary 排在了后面。我受到了打击，觉得自己过于乐观了，Gary 年龄尚小，没有应试方面的训练，应试能力较差。比如：听力本是他的强项，但居然考题还能选错。而且，我看到考冲班里的大孩子个个严肃认真，他们都为这个考级上了一年多的课了。Gary 和他们相比，显得很"浮"，不踏实，在自己的强项上，也没有发挥出应有的水平。我调整了自己的期待，督促儿子好好听讲，认真做题。上了 5 次课后，在专业老师的训练下，Gary 突然适应了考试，如同鲤鱼跃过了龙门，成绩节节攀升，排进班里的前三名。最后一次模考，更是考了全班第一，听说读写都取得了优秀，阅读和听力都只扣了 2 分，总分应该在 90 分以上（因为口语成绩老师没有公布，所以只是我个人的估计）。当时班里的同学都特别惊讶，这个最小的小孩，成绩像是坐了火箭，直线上升，一举赛过班里所有的小学高年级和初中学生。我也很惊喜，觉得以前的担心是多余的，他功底足够，所缺的就是考试方面的训练，一旦得到了这方面的训练，就越来越上手了。

Gary 的最终成绩听力和阅读都在 exceptional 以上，写作在 good 以上，强项口语却发挥得不好，在 good 以下。可能是因为随机分配给他的口语 partner 太弱了，两人的对话开展不起来，影响了他的分数。不过，这个成绩已经很好了。

和"考冲班"里的大孩子相比，Gary 做的题最少，经常完不成作业，受

到老师的批评。到了考试前的最后一个星期，我翻开老师发的试题，还有很多没有做的。另外，老师在后期要求学生在家里模拟考试，一口气完成一套题，Gary 也从来没这么干过——一口气坐一个半小时，根本做不到啊！我猜测那些肯吃苦的大孩子都做到了。这充分说明，语言学习不是谁能吃苦谁就学得好，也不是谁做的题多谁就能考得好，语言学习应该遵循科学的方法，科学方法能事半功倍。

Gary 考 PET 的经历，再一次确认了我一直以来的思路，即平时注意积累，考试前突击一下。只要把水平提高上去，什么考试都不怕。

### 3. 应考 FCE 的经验

过了 PET 后，Gary 开始学习 FCE。FCE 相当于雅思 6 分，国内的大学生水平。我让 Gary 接着学剑桥五级，主要是想把语法和词汇搞扎实。FCE 有 6000 词汇量，一本教材学大半年，如果把 6000 词搞定，所有的语法搞明白，会为将来向学术英语迈进打好基础。用 FCE 课程进行"学得"，是在北京的我们一个比较好的选择。我给 Gary 报了个周末班，一周学一次，共上了半年多的课。

一开始我看 FCE 考卷，觉得非常难。当时我特别佩服一些小海归，能够"裸考" FCE 并高分过关。经过一段时间的观察和收集数据，我慢慢发现 FCE 大概相当于美国小学生 4 年级的程度，Gary 如果一直保持与美国小学同步的水平，大概能在 4 年级考 FCE。

事实证明我的估计是对的。在 3 年级的暑假，Gary 开始学 FCE，当时还觉得挺难。老师把所有的时态串讲，信息量极大，而且很抽象。那些语法名称，对于 9 岁的他来说，接受起来挺费劲。但到了 4 年级 10 岁后，Gary 就不觉得难了。10 岁以后的孩子，逻辑思维逐渐发展起来，可以像大人一样学习了。十几次课后，学习 FCE 变得越来越得心应手，听力测试可以考满分，Use of English 很多题也可以考满分。Gary 最终在 4 年级下学期以"良好"（76 分）的成绩通过了FCE。

我认为在小学高年级学习剑桥考试课程比较适合"习得法"培养出来的孩子。所谓厚积薄发，从小的积累，通过高度提炼化的讲解一总结，会有"原来如此"的感觉。如同零散的珍珠，一下被串成了串。同靠"学得法"一直学到此的孩子相比，"习得法"的孩子觉得他们学的不是新知识，而是对已会知识的串讲和总结，所以接受起来非常快，一点就通。另外，靠听和读原版书积累起来的相当大的词汇量、听力能力和阅读能力，使 FCE 的阅读部分和听力部分看起来并不可怕，而这两个部分，是一直"学得"出来的孩子感觉最难的。

# 五、参加英语比赛（"希望之星"英语口语比赛参赛体会）

参加比赛，取得一定的好成绩，会鼓舞孩子继续学下去的劲头，增长孩子的自信，对塑造孩子的性格有好处。从某种意义上说，特长就是给孩子自信用的，比赛就是一个机会。

Gary 2 年级的时候，参加了中央电视台举办的"希望之星"英语口语大赛，获得了北京赛区的一等奖，总第 25 名。3 年级再次参赛，获得了金奖，总第二名。

2 年级时的 Gary，头一次参加这种规模很大的比赛，站在台上，紧张得像根木头一样，直不愣登地戳在那里，家里排练好的语气、手势、表情等，全都不会了。下台后他对我说："我能把词儿背下来就不错了！"

这种比赛很考验孩子的表演能力。很多英语流利、水平很高的孩子，由于没有舞台表演的经验和能力，都惨遭淘汰了。只有那些英语好、才艺好、又不紧张的"兴奋型"选手才能晋级。我挺看重 public speaking（公众讲演）的能力，觉得参加这种比赛能锻炼孩子。Gary 第一次参加"希望之星"的表现，更让我觉得他上台演讲的本领需要锻炼。3 年级时，我们又再次参赛了。

经过了一年的学习和听读，Gary 的英语水平提高了很多，表演力也增强了。4 场半决赛的题目分别是"不限语言类表演"、"命题演讲"、"即兴讲演"和"英

语才艺表演"。

在这些表演的选题上，我力图扬长避短，Gary 既不会唱歌也不会跳舞，属于"一无所长"型。但是多年看"春晚"的经验告诉我：歌舞乐器类节目其实并不吸引人，除非有歌星级的魅力，观众记不住演员。而小品和相声等语言类节目，容易给人留下深刻的印象。尤其是某些有趣的句子，更是会流传成为流行语言。这其中最重要的元素，就是搞笑。所以 Gary 准备的节目都是搞笑类，连命题演讲都力图幽默。实践证明，这一做法挺有效的。第一年半决赛，在 Gary 发挥一般的情况下，因为节目的搞笑性，评委都被逗乐了，取得了半决赛综合排名第六名的成绩。第二年，更是取得了综合排名第二的好成绩。

进入决赛后，两场比赛的题目是"故事接龙"和"集体表演"。"故事接龙"曾是第一次参赛的滑铁卢，当时半决赛排名第六，决赛的时候就因为"故事接龙"发挥太差，跌出了 20 名之外，没有进入决赛。当时 Gary 很倒霉地分到了一个很弱的组，一组 5 人，他第四个说，前面几个小姑娘编的故事——"把爸爸的手机弄丢了"，很不利于他用上手里抽到的单词"coast"。Gary 只好瞎编说："丢了爸爸的手机，我就到海边去哭，爸爸安慰我……"这个接龙接得是磕磕巴巴，一下子就被淘汰了。2 年级到 3 年级这一年，Gary 听了几百本小说，这些积累借这个机会厚积薄发了。3 年级再去"故事接龙"，编故事已经成了他的强项。任何故事只要起个头，就能滔滔不绝地说下去。后来他说，他经常在课堂上溜号儿，胡思乱想编故事，一些故事都在脑袋里构思了好多遍了！

"集体表演"这个新添的项目也很令我惊喜。Gary 抽签和 3 个小姑娘一组，临时排演了 3 幕话剧，最后以集体演唱很有气势的 *We Will Rock You* 这首歌曲收场。演话剧的时候 Gary 报幕，声音洪亮，有戏剧效果，表演的时候动作、表情也比较到位。决赛第一环节两场比赛过后，Gary 仍排在第二名，晋级 20 强。最后在电视台进行决赛的第二环节，Gary 获得了 3 个评委的 Yes 票，一举获得金奖。

通过这两次参赛，我有两个体会：一个是听力理解能力是中国孩子最弱的技能。进半决赛的 200 名孩子，据说是从 2 万孩子中选拔出来的，但是到了"即兴

"讲演"环节，有 20% 左右的孩子听不懂外教问的问题，有的站那儿沉默，有的不停地问 Pardon？其实，这些日常问题，只有"难答"和"不难答"的区别，而不至于听不懂。孩子们都能演讲了，却听不懂问题，这是"听"和"说"这两个能力的严重倒挂。孩子的语音语调，也与听力息息相关。孩子们语音语调五花八门，很明显听得不够。还有一个体会是才艺的重要性。在这种表演性的电视比赛中，没有英语之外的可秀才艺是很吃亏的。

## 六、通过旅游和游学，增添学习英语的动力

在中国这个单一语境中，如何让孩子保持学习英语的动力呢？除了用具有趣味性的材料，还要创造条件，让孩子真正感受到英语的工具性。出国旅游是一个很好的方法。到了国外，孩子会发现，英语是世界通用的语言，是真正的沟通工具。从孩子 5 岁起，我们家每年安排一至两次出国旅游，每次出国回来，我都发现 Gary 学英语的兴趣更浓了。

在 3 年级上学期的寒假，我安排 Gary 去美国游学三周。这是一个小机构办的项目。那个寒假只招来 Gary 一名学生。办这个机构的外教与他故乡的小学签了一个合同，接待来自中国的游学学生。寒假他回家探亲，就带着学生去小学插班。

Gary 插进了位于宾夕法尼亚州的这个小学的 3 年级课堂。寄宿家庭是这个班上一个小男孩的家庭。学校老师、学生和寄宿家庭都待他非常好，Gary 过得乐不思蜀。他夸寄宿家庭的妈妈做饭好吃，赞不绝口，说闻着厨房的味儿，哈喇子都流出来了。

Gary 在美国，成了数学好的孩子。中国人的乘法口诀，帮他在数学课堂上大出风头，总是第一个答完数学题。其他学科，如科学、音乐，甚至拼写等等，他都没什么问题，当时唯一有点落后的是他的阅读。和寄宿家庭的小男孩（属于班里学习好的）相比，Gary 的阅读速度慢一些。

美国游学给 Gary 留下了美好的回忆。回到北京后，美国的同学还和 Gary 通信，使我们很感动。

通过游学，我们检验了自己坚持学习英语的成果，就是和美国孩子保持同步。这一目标实现了，在听说上，Gary 能够无障碍地理解与交流，交到了很多朋友。在读写方面，跟上美国的课堂也没有问题。后来 Gary 4 年级再去美国游学，在阅读方面已经领先于平均水平了。

游学的成功，极大地激励了我们，3 年级的暑假，我又让 Gary 独自赴美，参加了一个位于西弗吉尼亚大山中的寄宿夏令营，同美国当地的孩子吃、住、玩在一起，体验了骑马、划独木舟、做木工等好玩的事。夏令营回来，Gary 晒黑了，口语也更加流利了。

由于到国外体验过生活，有机会与外国人接触、交流，Gary 从来没有问过"学英语有什么用？"的问题。学英语的劲头很足，而且乐在其中。

随着社会的发展，中国孩子有了越来越多的参加国外游学、夏令营的机会，家长们不妨让孩子锻炼一下，同时检验一下学习的成果。从我观察到的孩子们来看，每个孩子都很有收获。

答疑解惑

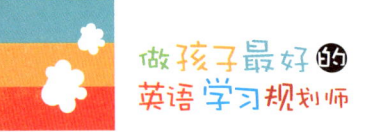

这里选取一些我博客（blog.sina.com.cn/quanandherson）上的留言，都是关心英语教育的家长问我的问题以及我的回答，希望能给家长们帮助。

**Q：** 有没有天生就对语言学习不敏感的宝宝？这样如何引导？

**A：** 没有小孩学不会说话，顶多有说话早晚的问题。在语言这个问题上，关键不在于孩子的智商，而在于输入的质与量。请大家牢记一个 input（输入）、一个 intake（吸收），围绕输入来考虑问题。国外有研究表明，一个中产阶级的孩子，由于家长受教育的水平较高，这个孩子在学龄前所听到的单词量，差不多是一个蓝领家庭的孩子的一倍。那么这两个小孩上学时，起点当然不同。所以即使是母语，我们作为家长，也要用丰富多彩的语言与孩子交谈，你跟他谈话的质与量，与他的表达能力，也就是语文能力休戚相关。

**Q：** 妈妈的英语语音语调没那么标准，如何进行英语的启蒙？

**A：** 妈妈对语音不自信，就要多利用 CD、DVD、点读笔和外教，以原汁原味的语音输入为主力，妈妈所说、所读的量占较少的比例就可以。家长的专长其实是儿童天赋的一部分，如果妈妈语音好，不妨多说多读。但是，英语不太灵的妈妈，如果懂英语教学中规律性的东西，不走弯路，借助外部资源也一样能培养英语牛孩。我认识很多这样的妈妈，自身并不精通英语，可是孩子巨牛，7 岁或 8 岁就读完了《哈利·波特》。

**Q：** 如何引导零起点的孩子（3－4 岁）对英语产生兴趣？孩子不喜欢英文故事书，怎么办？比方说，孩子以听不懂为理由拒绝妈妈讲英文故事，这个时候该如何引导呢？

**A：** 这是一个很有代表性的问题。首先，3－4 岁以看动画片为主，妈妈读故事为辅。孩子没有不爱看动画片的，这个没有问题。至于讲英文故事，我不是很推荐绘本。绘本是没有分级的，经常有难词出现，最好用分级读物为主来启蒙，从一页只有一句话，甚至只有一个字的读物读起，孩子不可能不懂。另外，就是要提高讲故事的水平。绘声绘色，比比划划，把你能想到的招儿都用上，不要做枯燥的老师。还有就是书要多，这本孩子不感兴趣，得，扔一边去，讲下一本，总有一本吸引他。

Q：如何选择一套适合自己孩子的分级读物？

A：不要跟"一套"读物死磕，要让孩子坐拥图书馆，哪套都可以看。体会"十倍资源"的含义，家长要掌握好的是：1）分级读物的知识，2）孩子的现有水平。

Q：能否介绍一下让孩子主动学习的方法？

A：兴趣第一。请相信原版动画片和原版书的吸引力。在实践中，每天晚上，当我试图关上那个听英语的 MP3 播放器时，我儿子都拿着播放器左躲右闪，不让关，他还想接着听故事。有时候，我们在车里听故事 CD，该下车了，Gary 不下来，说正听得精彩，还得再听会儿。英语小说对于他来说，就像我们小时候听的评书联播，那时候我们听评书也挺入迷的，对吧。

Q：如何在母语的大环境下创造二语习得的小环境？

A：如果家长英语好，在家庭中创造小环境是轻而易举的事情，就是你想不想做的问题。如果家庭缺乏这个环境，那么可以在培训班里找几个程度相当的小朋友，跟他们的妈妈搭讪，建立一个小集体，这样，孩子在一起学，一起玩，很容易开口说英语。其他我已经说过了，就是在家听、听、听，读、读、读。我儿子近视，我不让他看电视了。其实这点我挺遗憾的，还有很多动画片和电视剧可以看。

Q：能否介绍一下二语学习有趣的学习方法？

A：语言学习是最容易做到轻松有趣的科目，因为语言即生活。比如对于我儿子来说，上课外英语课就是嘻嘻哈哈说几句，那是谈笑风生，外教通常也很有趣，两个小时过得很快乐。在家听的故事他都很喜欢，偶尔有不喜欢的，我二话不说就给换另外一个——咱东西多啊。读的小说是他自己选的，反正上公立学校的英语课他感到无聊，看小说比听课强，也就看了。学英语对他来说没有压力，都是快快乐乐的。如果孩子对语言学习感到无趣，那么肯定有什么地方做错了。比如老师教学枯燥；比如教学方法落后不适合儿童；比如选的书不合孩子口味。总之，在启蒙初期，一定要把孩子的兴趣摆在第一位，选取力所能及的最好的资源，使孩子兴致勃勃地走上这条路。到了中级阶段，就有了认真学习的要求，不是光靠趣味性了。如果孩子启蒙得好，比其他孩子英语好，经常受表扬，孩子会有更大的自信心和自觉性坚持学下去。

Q: 中文阅读和英语阅读如何结合？

A: 没法结合，通常小孩看了一个版本就懒得再看另外一个语言的版本了。所以只能二选一。

我觉得我们的目的是培养双语儿童，因为我们生活在中国，学校有老师抓语文，我们家长在语文上花的力气就可以少一些。英语学校不抓，我们家长就抓得紧一些。在阅读上，个人觉得中国的儿童文学远远比不上国外的儿童文学，中文的有营养的东西比较少，好的儿童读物都是引进版的，所以还不如直接读英文原版的。当然，要注意中英文哪个都不能偏废，掌握好齐头并进的节奏，不能走入极端，厚此薄彼。

Q: 在家长英语不是很好，不能纠正孩子日常输出的情况下，是不是高重复率的窄听，近乎背下来的窄听更能保证输出的正确性？我家孩子为了解决这个问题，现在已不泛听了，但又不太确定这样做是不是正确的？

A: 我不太理解你的问题，如果要保证说的正确性，更应该加大输入量，多听以形成"语感"，背不能解决说的问题，但能帮助写。因为写有时间差，能想，能套用。"窄听"的概念更适合水平不太高的学习者。如果孩子词汇量足够大，能够理解很多题材，还是应该多泛听。如果您所说的"窄听"是重复听的意思，那么，要看孩子的类型。有的孩子爱重复听，有的孩子不爱重复听。可根据自己孩子的情况灵活处理，不必强求。语言学家所说的"窄听"还有一个意思，就是专注于一个感兴趣的题材，或者专注于一个喜欢的作者的系列书，"一网打尽"。我推荐这种"窄听"，即一个系列、一个系列地听。

Q：我们家的孩子已经 7 岁了，我现在还在您提到的 3 - 5 岁启蒙阶段呢。这可如何是好？只能寄希望于每天持续不断的坚持了，看看能不能追回来一点时间？

A：要追上就要在量上加码，有 8 岁孩子一天 4 小时，一年后达到阅读大部头的个例。

Q：当孩子在听的时候碰到听不懂的单词，怎么办呢？反复听？还是我给他解释？还是看看书？

A：由于我给孩子选取的材料是循序渐进、比较适合他的，没有发生过听不懂的情况。他自己说 100% 听懂。偶尔有生词，他自己能根据上下文猜出意思来，实在猜不出来他就会问我。所以，我认为给孩子选材是最重要的。家长要掌握有声书的分级知识，掌握孩子的水平，推送最适合孩子的材料。能达到 95% - 99%（即 100 个词里只能有 1 - 5 个词不懂）听懂的材料才是合适的材料，不要跳级。如果不懂的单词较多，那么就是不合适的、低效的材料。"反复听"以前听不懂的故事，是费时低效的学习方式，我不推荐。

Q：请问哪个网站可以找到美国课外推荐读物，并且带有详细分级的？ Gary 读的哪套 A- Z？是加州的那套吗？

A：课外读物的分级可在 Scholastic 公司的网站上查。Gary 读的 Science A-Z 是和 Reading A-Z 同一个公司（http://www.readinga-z.com/）出的。这个公司和网上流传的"加州教材"没有关系。

**Q：** 我也知道听要在读的前面，可关键是怎么能听懂呢？没有一定的基础和单词量实在是听不懂啊，难道不要靠阅读扩大单词量吗？单纯看动画哪能准确知道那么多的单词呢？我们现在是边看动画，边读点小书增加单词量，但是对听好像总是兴趣不大，是不是年龄大了（9岁），没那么容易培养耳朵了？

**A：** 遵循正确的方法，永远也不晚。如果9岁，可以一边听一边读，但要保证听的量更大，听的程度更领先。

**Q：** 你们就是听，那孩子能听得懂么？请教一下，特别是长篇的？

**A：** 我常问儿子能否听懂，他总是回答100%。当然，我给他的材料都是我研究过的，循序渐进，几种原版的分级制度我都参考了。由于长期听，他的听力词汇量越来越大，听力越练越强，能听比他的年级高两三年级的长篇小说。

**Q：** 昨天我们听 Aesop's Fables，里面有一段讲狐狸在洞外问洞里的狮子："Mr. Lion, are you in there?" 儿子问我为什么副词 there 前面会有介词 in 呢？这确实与我之前跟他讲的用法不同，我查了一下说是特殊情况下可以这样使用，in there 为了强调一个封闭的环境。但是对于这个解释儿子好像并不是特别理解，所以不甚满意。在读和听的过程中孩子对于此类跟语法有关的问题非常多，不知道其他孩子是不是也有此类的提问。想请问您对 Gary 的语法教育是穿插在阅读之中进行的呢，还是另外单独进行的？

**A：** 这么小的孩子不要让他纠缠于语法问题，应该专注于大量输入。语法是语言的总结，没有学过很多东西的时候，先不要总结。过于追求语言的准确性，会牺牲语言的流利性，影响交际。当然，9岁可以学习一些语法了，但是要建立在强大的输入基础上。

**Q：** 我们儿子比 Gary 小半岁，也是3年级，我觉得他的抵触主要来自于尚未尝到其中的乐趣并且对于长时间集中注意力听还不能适应，真是垂涎于 Gary 的上瘾状态啊，我们目前只能做到每天 20 到 30 分钟，希望能循序渐进。请推荐一下用来听英语的设备。

A：听故事像听评书一样，不存在集中注意力的问题。另外，我家都是一边玩一边听的，不要求集中注意力。听英语的设备是 MP3 外放播放器，老年人去公园跳操用的那种，拿着可以走来走去，很方便。

Q：从即日起我们准备跟随你的脚步啦，虽然远在深圳还是被你的努力和坚持所震撼，了解了 Gary 和他同学的听说水准之后才发现我们孩子的英语高分是虚假繁荣哦，呵呵～但愿 Never too late! 想请教您，如果孩子在初期听原版英文的时候有抵触情绪，有什么好方法能激发和引导他的兴趣吗？

A：有抵触情绪的一般是大孩子，嫌能听的英语幼稚。如果从小就看、听，就不会抵制，还会上瘾。我的建议是找孩子感兴趣的东西，并从合适的级别入手，要能听懂。另外，让他有伴儿。这个伴儿，可以是家长，可以是同学、朋友。一起学，减轻抵触。比如，听后的讨论就很重要。如果家长能和孩子交流所听的内容，讨论情节，就能激起和引发他的兴趣。请想象一下，我们成年人看了一个电影或电视剧，不管爱看还是不爱看，都有和别人交流的欲望。有时候和别人交流了之后，越发引发了对某个情节或某个人物的兴趣，甚至再去看一遍。孩子也是一样。

Q：为什么禁了整整一个童年的喜羊羊？怕看电视影响视力吗？

A：我觉得喜羊羊没什么营养，如果这个占据了看电视的时间，那就没有看英文动画片的时间了。从小我们只看盘，不看电视节目。说句题外话，作为家长，我对限制电视台进口外国动画以保护国产原创感到很无奈，喜羊羊一统天下了。好在我们有盘。

Q：请教一下，我目前给孩子看一些英语分级读物，对自然拼读读物还不太了解，能否列举一二？谢谢。

**A：** 自然拼读的读物，是按照每本专门练习一两个音来编写的，另外一个特点是 fully decodable（全部可解码），就是说，没有不规则的单词，都是学了拼读规律就能拼出来的。这种读物需要更严格的选词设计，但也有趣味性不足的缺点。各大出版社都有拼读读物。

**Q：** 都什么时间听？我怎么也挤不出时间，把具体操作经验给我们传授传授。

**A：** 坐车、走路、玩玩具、吃饭、洗脸刷牙、睡觉前，把一切零碎时间都利用上了，主要是他听故事入了迷，自己想听。最极端的记录是：周六只用一天就听完了一本《地底记事》小说，7 小时！

**Q：** 碰到生词，孩子一般都能猜个大概，还有必要查字典吗？要背吗？孩子不大愿意背单词啊。

**A：** 一般的原则是：阅读量大就不用背，阅读量小就得背。"会"一个单词有多种含义：语音、语义、拼写。如果在阅读中多次见到一个单词，孩子能够猜个大概。但是，如果没有与阅读相匹配的"听"的量，经常会把单词的发音读错，这种现象在成年人的"哑巴英语"里屡见不鲜。拼写问题因人而异。有的孩子通过大量阅读能够记住单词的拼写，有的孩子可能对拼写不敏感，即使有阅读量，拼写还是一塌糊涂。对于后一种孩子，单词是要背的。

**Q：** 我是一个 2 岁 4 个月宝宝的妈妈，我家宝宝明年 3 月想入幼儿园，现在我犹豫是让她先在一个保育比较细心的幼儿园待一年，自理能力加强后再转双语国际幼儿园，还是应该直接进双语幼儿园呢？我们这边的双语幼儿园是一个外教全天跟班，整个幼儿园不许讲中文，但是家长们都反应这个双语幼儿园保育照顾得不是很周到。困惑，求您给我些宝贵建议啊。

**A：** 我不能贸然建议，主要还是看您更看重什么。还要看您培养孩子的大目标是什么，如果想让孩子高中或大学出国留学，那么从小打下英语基础就很重要，有了良好的开端，保持住优势。如果没有留学打算，那么上这种昂贵的幼儿园就不必了。

Q：我家起步晚，现在都 11 岁了，可利用时间较少，请问您觉得先强调阅读还是强调聆听呢？从短期利益来看，阅读更容易看到效果，可受过多年聋哑英语之苦，我觉得听也很重要。如果孩子小，时间充裕，我们大可以两样同步，但现在，您觉得应该先解决听还是解决读呢？

A：大孩子应该听和读并行。11 岁距青春期（一般认为 13 岁为分界线）还有两年，还有机会习得标准的口音，不要放弃听。先听说再读写是语言学习的规律，按规律办事才会高效。即使是成年人学外语，也应该如此。这是说初期应该先听。到了中级阶段，读写就越来越重要，所以要看孩子的程度。一般来说，大孩子，非零起点，是要一边听一边读的，最好保证听的量更大，听的水平更高。

Q：有个困惑，我家女儿听不下去怎么办呢？听的是最简单的《神奇树屋》，她基本听得懂，可就是不爱听，有这样一个瓶颈期吗？谢谢！

A：我觉得是个人喜好问题。你家宝贝爱看书，一目十行，可能会嫌听书慢。中文读得多、读得深，可能会嫌听的英文书幼稚。读书已经能满足她的求知欲，其他的媒介就有点难进入了。

Q：裸听，我们一直未进入这个环节。博主能不能提供点经验，我们目前都是拿着书，听音频。简单的章节书，比如 *Harry and the Lady Next Door* 可以听得懂了。

A：裸听需要较高的听力水平和一定的听力积累。我家孩子看了两年原版动画片，同时跟随外教学习，之后才开展裸听。

Q：我女儿也喜欢听，每天都能听 2 小时甚至更多，这跟她自己还看不大懂有关。但她的量远远不如 Gary 同学，因为她喜欢一部书来来回回地听上很多遍，我们都觉得很烦了她还不烦，喜欢重复。不过我觉得这也算

是个学语言的好习惯吧，都随她自己意愿。我们现在听的是 Roald Dahl 的系列小说。

**A：** 有的孩子喜欢重复，有的不喜欢。外语学习是个比较个性化的学习，孩子不一样，可以有不同的方法。重复听挺好的，"吸收"进大脑的东西更多，内化的东西更多。到写作文的时候，一下就能写出惊人的、有着某位作者风格的地道文章。

**Q：** 看过您以前的博客，我女儿和您儿子学英语的情况有些类似，就是听说能力远远优于读写能力。我们去北外青少测评，老师说她的听说能力优于 KET（剑桥五级的第一级）的水平，但读写却还达不到。请问这种情况你们是怎么做的？怎么提高孩子的读写能力？背单词？语法知识呢，怎么补的？谢谢。

**A：** 要靠上英语课外班，年级越高越要以读写为主。

**Q：** 您好，最近我女儿的英语感觉进入瓶颈期，无意中进入您的博客，非常欣赏您的英语教育理念。想问下，您儿子在听 Junie B. Jones 系列故事的时候，阅读怎样的书？在阅读过程中碰到不认识的单词怎么解决，是跳过去还是您告诉他意思？

**A：** Gary 的听力好于阅读两年以上。所以在听初级章节书的时候，读的是分级读物，大概是 Reading A to Z 的 E、F 水平左右。阅读的书要循序渐进，不能有太多生词。国外有"五个手指法则"——即一页书不能超过 5 个词不会读。还有一种方法，就是 100 个词里，只能有 1 个生词，即 99% 理解，才行。

**Q：** 我本身英文不好，所以在选书方面无从下手。之前从未让女儿独立阅读过。以后准备按 Gary 的书单阅读了。现在有个问题请教下，按难易程度排列的话，《神奇树屋》下来，看什么比较好？还是 Gary 的阅读顺序就是从低到高的排列顺序？我家孩子现在看《神奇树屋》的时间是一天一本，大概要用 30 到 40 分钟才能看完，每本书都会有 20 左右的生词。像这样的程度，《神奇树屋》看完了，看点什么好？

**A：** 简单，从书的薄厚上就能判断。可以继续读《神奇树屋》那么薄的书（即 2 年级的），也可以更进一步，读稍厚一些的，3 年级的书。最好还是能研究一下国外书的分级体系，有了数据就能准确地向孩子荐书了。

**Q：** Gary 的听力生词词汇是怎么积累上去的呢，难道是根据故事上下文意思吗？

**A：** 是的，小孩猜词的本领很强。在语境中学生词，词义和用法最为明白。

**Q：** 在大量听和读的过程中如果遇到生单词怎么办，要记吗？还是不管？

**A：** 听力和阅读材料要选得适合孩子的水平，单词量要控制在 100 个单词里 1 个生词左右，不要影响理解。小孩可以根据语境自己猜出词义，自学生词。

**Q：** 电子词典给小孩阅读用可以吗？平时阅读碰到生词时查字典挺费时，但又怕电子产品太方便养成依赖性，矛盾纠结中。开展阅读碰到生词影响理解的时候，怎样解决？

**A：** 阅读里的生词我是不管的，孩子也不查字典，更没用过电子词典。我们这么做有一个前提，就是大量的听使孩子的听力词汇比较大，他读的书又比听的书简单，所以阅读里遇到的词的词义他基本都可以理解，实在不会的也连蒙带猜明白个大概。这是说的泛读，泛读不要查字典。如果是精读（通常在课堂开展），生词要认真对待，要弄清每个词的含义。

**Q：** 怎么辨别小孩是否真的听懂了？目前我家小孩听看过的动画片说能听懂，但一换没看过画面的音频就听不懂。当时 Gary 从看动画到只干听，有障碍吗？

**A：** 如果听得入迷不让关播放器，当然就听懂了。看视频因为有情境，所以易于理解内容。裸听音频，看不到任何画面，需要更高的听力水平。Gary 在开始裸听音频的时候，听力已经达到了一定水平（看没有字幕的《神奇校车》动画片能够看懂），没有什么障碍。你家孩子音频听不懂，说明听力还没有达到裸听的程度，可以延长看动画的时间，再过渡到裸听，也可以只听看过的音频。需要练一段时间，积累听力词汇。

**Q：** 很高兴看到听力对阅读的巨大促进，儿子只喜欢听故事，看来短时间完全没有必要逼着他读故事了，多听多培养感觉吧。

**A：** 只爱听也有不好的地方：拼写不行。但这个可以短时间突击。

**Q：** 我儿子不到 6 岁，读完《典范英语》的 3B，感觉比前五本难一点。平级扩展，我们选哪套分级读物的哪个级别比较合适？谢谢！

**A：** 能买到或借到哪套就读哪套吧，从最低级别的读起，在低级别多停留些时间。如果是自主阅读，就让孩子自己挑书。

**Q：** 有个小困惑想请教：以《神奇树屋》为例，我觉得这套书很好，很想让孩子看。但就他目前的状态而言，读英文的可能还会有些吃力；如果先读中文版，今后再读英文的，孩子是否还会有兴趣呢？此外，如果读有困难的话，按你提到的听力比阅读高 2 年的思路，是不是可以先听音频后读书？谢谢！

**A：** 不建议读中文版，因为的确会降低读英文的兴趣。可以先听，但《神奇树屋》的录音不太好听，是作者本人读的。另外，有的小孩听后还能再读一遍，有的小孩听过的书就不读了，不一样。如果孩子对某系列书产生了强烈的兴趣，那么就完美了，他会听、会看各种版本。家长可以借机把所有的资源都提供给他，来个"一网打尽"，比如，看书、听书、看电影。举例说，Gary 特别喜欢听 Percy Jackson 这套书，我就会找书给他读，找电影给他看。

**Q：** 我们的英语学习主要以引进的分级读物为主，从 4 岁半开始，到现在 6

岁半,听读了《机灵狗故事乐园》全套、《开心小读者》全套和"海尼曼"G2。最近给她买了《典范英语5》,孩子自己听读觉得比较简单。我是继续《典范英语6》呢,还是开始一些原版绘本呢?"典范"比较好操作,一天一课,故事孩子喜欢,就是觉得语速有点慢,而且是英音。

**A:** 继续学习《典范英语》,然后过渡到章节书。绘本因为没有分级,都是零散的单本,输入小,成本高,不成体系,我不推荐。《典范英语》语速是有点慢,英音倒不是问题,中国孩子英音、美音都要听。

**Q:** 看到您的听读记录好像口渴之人望到清泉。我们也是喜欢听书的孩子,以前听了《典范英语》到9,后来罗德·达尔、《哈利·波特》,也是裸听。本人英语不行,完全是靠孩子的兴趣,但现在面临PET,想着慢慢大了,是不是不能只听呢? 其实她看书也可以,《黑质》三部曲、《哈尔的移动城堡》之类的,都能看。在阅读和听之间,应该怎么安排呢? 谢谢指教。

**A:** 能看《黑质》和《哈尔的移动城堡》了,孩子的阅读能力已经非常强,达到美国小学5、6年级水平了。这时如果还想听书,就要找比5、6年级还要高的级别。能读这么高水平的书,PET实在太简单了,能考FCE了。

**Q:** 请教一个问题:我家姑娘是大龄(10岁),半年前开始听力先行的实践,最近初步见到效果:我存在手机里自己练习听力的《查理和巧克力工厂》,她有一天突然说自己听明白了情节,我大喜。但是现在困惑我的事情是——我估计她是听明白了情节,但是细节她是听不明白的(词汇不够),如果坚持这样听下去,是不是也可以通过"猜测"词汇意思(她经常猜词,多数还猜对了,但是离开当时的语境她就不记得了),提高她的听力词汇呢? 也就是对"大龄"儿童坚持听力先行的规则还可行吗?

**A:** 听力这样全靠猜也是不行的,我的推荐是95%~99%听懂(即100个词里只有1~5个词不懂),才能达到可理解性输入。关键是听力材料的循序渐进,大孩子可以进步快一些,但不要搞大跃进,还是要一步一步搞扎实了。任何人学外语都要听力先行,即便成人也要如此。不过小孩

子可以先听个 3 年再学阅读，但大孩子就得阅读和听力并行了。原则是听一套东西，读另一套东西，始终保持听的材料要比读的更高级，比较可行的是高两个年级。

**Q:** 孩子3-4岁的时候我完全没意识到学外语的重要性，时间就那么过去了。我们现在还是有一些问题，就是英语的运用不好，做题可以，实际说话不行；阅读可以，写作的时候就不够地道。不知道是再经过几年的时间会好转呢，还是因为错过了最初的几年，一辈子也就这样了。

**A:** 3－4岁开始最大的好处是同龄的资源极大丰富，孩子能和听读资料同步成长，接触到的都是喜闻乐见的动画片和图画书，孩子对学外语兴致勃勃，而且因为年龄小，家长不在乎考试成绩，都是根据兴趣学，听说为主。听说读写按顺序发展，是为"自然法"，即习得法。错过了这个年龄的大孩，要审视自己的长处与短处，把短板补上。通常大孩"习得"不够，应该补上泛听和泛读这些功夫。

**Q:** 我非常认同您的这个观点：家长要陪着孩子一起学，一起进步，要往前走，不要原地打转。我就是跟着孩子把英语又从头学了一遍，以前还能教教她，现在已经跟不上她的步伐了，管她叫"老师"了！

**A:** 已经扶上了马，就可以不陪了，退居二线当资源的提供者。越是开始越要陪。

**Q:** 我们山西这儿，上哪儿找外教去？

**A:** 现在找外教老师很方便，通过视频网络可以找到很好的老师，费用也不高。

**Q:** 我家的孩子是从 7 岁开始学的，先给看了动画片《卡由》，之后提出音频来听，每听完一集，问他这儿讲了什么，他能说出主要意思（中文述说），这样能认为他是听懂了吗？绘本也给他读，但是他不愿意讨论，之前读中文的也是，不愿意讨论，所以我也不知道绘本是看懂了还是没看懂。

**A:** 能中文述说主要意思就是听懂了。和孩子讨论故事剧情时不要太严肃。就像我们大人看完电影都有交流的欲望，家长可以从自己感兴趣的一点谈起，漫谈聊天式的，用中文说，尽量夹杂一些英文就可以。也可以问具体的、小的问题，不要问"这集讲了什么"这样笼统的问题，这就如同我们学语文时，老师让学生说出中心思想一样让孩子反感。还有就是家长要陪看，这样才能问出有质量的问题。家长要放低姿态，把自己作为同学像孩子请教，不要搞得像老师检查作业。总之，要和孩子一样享受学习的过程。因为我以前曾和儿子进行过这样愉快的交谈，现在儿子听了什么好玩的故事，都非得跟我说，现在成了我"哦"、"哦"地应付他了。

**Q:** 我也支持上双语幼儿园。看这批上过的孩子，语感启蒙得确实不错，难题变成上小学后如何继续进步。幼儿阶段，幼儿园和家庭里的教导痕迹似乎都不必重，看懂听懂多少和看听的数量，后者比较重要吧。慢慢从混沌中走出来。如您所说，这是习得，否则就是学得。

**A:** 我主张二语习得不能"混沌"，家长应尽量做到可理解性输入。"混沌"的状态意味着低效。这里面的教学艺术，就是铺就一条最高效的、孩子能够理解的循序渐进之路。

**Q:** 幼儿学习英文，起步时需要家长参与，而且方法要得当，要培养孩子的兴趣。记得儿子 Sam 英文刚起步时，我陪的时间很多，并且通过做游戏、表演节目等各种方式激发他的兴趣，记忆深刻的是：我们读 Dr. Seuss 的 *Green Eggs and Ham* 的时候，我俩边读书边在院子里表演，经常一起哈哈大笑，表演多了，Sam 居然可以把故事背下来；我陪他一起看 *Little Bear*，看完了一起聊动画的内容，经常拿台词来对话。这些场景现在想起来都非常温馨。坚持了这几年，我感觉很高兴的是：对于学习英文，孩子一直有很高的兴趣，尤其是听英文故事。您善于总结，分享，做了件好事。

**A：** Sam 妈的分享很好！

**Q：** 我想问一下孩子读了那么多书，这些书都可以买到吗？从哪儿买？

**A：** 现在当当、亚马逊、京东、淘宝等网站都可以买原版书了，甚至比在国外买还便宜。另外可以利用图书馆借书，我们在家附近的社区图书馆"皮卡书屋"曾经借了一年的书。

**Q：** 把您所有的听读记录看了一遍，准备以后按图索骥喂给孩子试试看，我关注了李跃儿论坛上一位大申爸爸写的帖子，他的孩子在 5 岁半到 7 岁半经历过这样疯狂的听书阶段，是中文的，5 岁半孩子痴迷地听完中文的《哈利·波特》、儒勒·凡尔纳以及五千年历史故事，后来 8 岁左右自主阅读完成的第一本书就是《哈利·波特》，用它作为中文阅读零的突破，孩子学前没有学过认字，后来又依靠中文《哈利·波特》的阅读基础，完成了英文版的听力。他的理论关键点是孩子的年龄，5.5 岁到 7.5 岁，孩子疯狂吸收词汇，并且有个听书敏感期。

**A：** 不是所有孩子都爱听书，有不爱听的；另外 Gary10 岁了，还痴迷于听书，所以"听书敏感期"的提法不知对不对。外语学习是个性化的学习，每个孩子都不太一样。如果说学习规律有共性的话，每个人在不同阶段的学习方法都应该是个性化的，家长应该根据自己孩子的情况试行和调整。

**Q：** 我一直以为语法是给语言专家分析和总结语言用的，习得一门语言，对于孩子没必要先告诉他们规律，孩子自有摸索总结的天赋。我们在家通常不会涉及语法方面，但看孩子开口说的话，照样也会有从句有时态，对比母语的学习，孩子不是听多了便会说了吗？

**A：** 因为输入不足，孩子自己的总结会有盲点，初中的孩子，该加一些正规的语法学习了，特别是当孩子已经有输出的欲望时，语法学习能促进孩子写作的正确性。

**Q：** 怎么听书？是躺着听么？什么都不看？

**A：** 听书是干听，不看书，当评书听。听的时候干什么都行，Gary 经常边玩玩具边听，睡前是躺床上听，有时候他一边看别的书一边听，居然一心可以二用。

**Q：** 只要路子走对，学外语不去培训班自己在家听读——绝对可行！更何况中小学的老师在学校天天是以语法为中心在教学，在进行语言的归纳、梳理、总结及反复操练，干吗还要上培训班？我坚信培训班的老师理念比您差远了！对教材不苛求，那苛求什么？脱离中国学生的生活，毫无故事性、文学性、文化性，所谓的具有交际性、实用性的干巴巴的语言能让人有兴趣吗？材料在于选择。

**A：** 首先，上培训班是超前学习，学的要比课内深多了、快多了，普遍比课内领先至少一年以上，要不大多数人是不会上的；其次，EFL（英语为外语）教材，即便是原版的外国教材，都是从初级听力和简单的对话学起。听力和简单交际是所有教材的起点，初级都这么办，这是符合语言学科研究结论的，实在无法从文学性入手；文学性、文化性只能在解决了"生存英语"的基础上逐步涉及。最后，在家听读和培训班解决的是不同的问题，一个抓量，一个抓质，最好两种都要抓，当然时间分配是二八法则，抓量的占大头。

**Q：** 我家姑娘现在已经开始追着听有声书了，就是不愿意读。我沉住气，等着。姑娘，你不是英语失聪的人了，那你也不会愿意总做一个英语文盲吧！况且，英语儿童读物多好多有意思啊，迟早是会吸引你的吧。

**A：** 从听力过渡到自主阅读要学自然拼读，不知你们学了没有，报个班短期学学就行。然后妈妈需要陪孩子读一段时间的分级读物，帮助孩子尽快进入阅读。

**Q：** 启蒙阶段看动画片和读绘本，怎样准确地知道孩子的理解程度、吸收程度和兴趣点？

A：英语启蒙阶段，孩子越是小，越需要家长的参与，3 岁的小孩刚开始看动画片，家长要陪看。

陪看过程中，留意动画片中的难点——即没有语境的话，难以从画面信息中推断出含义的话。

看完后和孩子讨论剧情，问具体的问题，比如"小猪干完了（一件事），又去干什么了？""他为什么不高兴了？"最好从头到尾把剧情捋一遍，用汉语说就可以，穿插几句能记住的英语台词。在这一过程中，能发现孩子理解了什么，没理解什么，把他的盲点补充清楚，孩子可能由于你的讲解而恍然大悟。讲解完毕，在合适的时候再看一遍，这次孩子就完全懂了。

最后一个步骤：表演。拿两个毛绒玩具，在床上玩角色扮演游戏。让孩子扮演他想扮演的角色，把剧情演一遍，自由发挥也可以。家长在这个过程中，要尽量说动画片里学来的成句或单词，但也不必太费心，关键是演得热闹，让孩子对这个游戏乐此不疲。在演的过程中，家长既能体会到孩子是否已经彻底理解剧情，也能用这种方式让孩子说几句动画片的语言。输入检查了，输出练习了。至此，一集动画片理解到了 95% 以上（只是理解含义 / 听懂，不是说全面掌握这些语言），这集动画完成了使命，看下一集。每集动画都试图做到 95% 理解，看完一部动画片，找到比这部稍难一点的动画片，接着看。绘本听读也是一样，一定要确认孩子听懂，读后要和孩子探讨，探讨很重要。不知道孩子兴趣点的，肯定没有和孩子以聊天的形式对材料进行探讨。日常生活中随时随地的口语输入，比看动画片和读绘本更高效，父母最好把动画片里听来的话，放到实际语境里应用一下，时不时说几句。家长的参与，在启蒙阶段最有价值。当好孩子的翻译、老师、同学和玩伴。一个兴致勃勃说英语玩游戏的家长，会成为孩子学英语的最大动力。有的家长说自己英语不好，那就和孩子一起看一起学吧。3 岁小孩能懂的，能有多难？

附录

# 附录一 英语读物分级标准对照表

关于 3-12 岁孩子阅读书籍的分级标准详见本书 P70 "细说原版，细说分级"
版块内容。网上有很多各种分级标准的对应表，我们可以参考。

### 表一 美国各年级学生阅读能力标准对照表

| 幼儿园 1 年级 | | | | | |
|---|---|---|---|---|---|
| Grade Level | Lexile Rating | AR Level | DRA Level | Fountas Pinnell | Guided Reading |
| K | 25 | 0-9 | A-2 | A-B | A-C |
| 1.1 | 50 | 1.1 | 2 | C | D |
| 1.2 | 75 | 1.2 | 4 | C | D |
| 1.2 | 100 | 1.2 | 4 | D | D |
| 1.3 | 125 | 1.3 | 6 | E | E |
| 1.3 | 150 | 1.3 | 8 | E | E |
| 1.4 | 175 | 1.4 | 8 | F | F |
| 1.5 | 200 | 1.5 | 10 | F | F |
| 1.6 | 225 | 1.6 | 12 | F | G |
| 1.6 | 250 | 1.6 | 14 | G | H |
| 1.7 | 275 | 1.7 | 14 | G | I |
| 1.8 | 300 | 1.8 | 14 | H | J |
| 1.9 | 325 | 1.9 | 16 | I | J |
| 2 年级 | | | | | |
| Grade Level | Lexile Rating | AR Level | DRA Level | Fountas Pinnell | Guided Reading |
| 2 | 350 | 2 | 16 | I | K |
| 2.1 | 375 | 2.1 | 16 | I | K |
| 2.1 | 400 | 2.2 | 18 | J | K |
| 2.3 | 425 | 2.3 | 20 | J | K |
| 2.5 | 450 | 2.5 | 20 | K | M |
| 2.6 | 475 | 2.6 | 20 | K | M |
| 2.7 | 500 | 2.7 | 24 | L | N |
| 2.9 | 525 | 2.9 | 28 | L | N |

| 3 年级 | | | | | |
|---|---|---|---|---|---|
| Grade Level | Lexile Rating | AR Level | DRA Level | Fountas Pinnell | Guided Reading |
| 3 | 550 | 3 | 28 | M | N |
| 3.2 | 575 | 3.2 | 28 | M | N |
| 3.3 | 600 | 3.3 | 30 | N | O |
| 3.5 | 625 | 3.5 | 34 | O | O |
| 3.7 | 650 | 3.7 | 36 | O | P |
| 3.9 | 675 | 3.9 | 38 | P | P |
| **4 年级** | | | | | |
| Grade Level | Lexile Rating | AR Level | DRA Level | Fountas Pinnell | Guided Reading |
| 4.1 | 700 | 4.1 | 38 | Q | Q |
| 4.3 | 725 | 4.3 | 38 | Q | Q |
| 4.5 | 750 | 4.5 | 40 | R | R |
| 4.7 | 775 | 4.7 | 42 | S | S |
| **5 年级** | | | | | |
| Grade Level | Lexile Rating | AR Level | DRA Level | Fountas Pinnell | Guided Reading |
| 5 | 800 | 5 | 44 | T | S |
| 5.2 | 825 | 5.2 | 44 | U | S |
| 5.5 | 850 | 5.5 | 44 | U | T |
| 5.8 | 875 | 5.8 | 44 | V | U |
| **6 年级** | | | | | |
| Grade Level | Lexile Rating | AR Level | DRA Level | Fountas Pinnell | Guided Reading |
| 6 | 900 | 6 | 44 | W | V |
| 6.4 | 925 | 6.4 | 44 | X | V |
| 6.7 | 950 | 6.7 | | Y | W |

## 7 年级

| Grade Level | Lexile Rating | AR Level | DRA Level | Fountas Pinnell | Guided Reading |
|---|---|---|---|---|---|
| 7 | 975 | 7 | | Y | W |
| 7.4 | 1000 | 7.4 | | Z | X |
| 7.8 | 1025 | 7.8 | | | Y |

## 8 年级

| Grade Level | Lexile Rating | AR Level | DRA Level | Fountas Pinnell | Guided Reading |
|---|---|---|---|---|---|
| 8.2 | 1050 | 8.2 | | | Z |
| 8.6 | 1075 | 8.6 | | | |

## 9 年级

| Grade Level | Lexile Rating | AR Level | DRA Level | Fountas Pinnell | Guided Reading |
|---|---|---|---|---|---|
| 9 | 1100 | 9 | | | |
| 9.5 | 1125 | 9.5 | | | |

## 10 年级

| Grade Level | Lexile Rating | AR Level | DRA Level | Fountas Pinnell | Guided Reading |
|---|---|---|---|---|---|
| 10 | 1150 | 10 | | | |
| 10.5 | 1175 | 10.5 | | | |

## 11 年级

| Grade Level | Lexile Rating | AR Level | DRA Level | Fountas Pinnell | Guided Reading |
|---|---|---|---|---|---|
| 11 | 1200 | 11 | | | |
| 11.6 | 1225 | 11.6 | | | |

## 12 年级

| Grade Level | Lexile Rating | AR Level | DRA Level | Fountas Pinnell | Guided Reading |
|---|---|---|---|---|---|
| 12.2 | 1250 | 12.2 | | | |
| 12.8 | 1275 | 12.8 | | | |
| 13.5 | 1300 | 13.5 | | | |

## 表二　英文阅读分级转换表

| 阶段 | 年级 | Guided Reading 标准 | Reading A-Z 标准 | AR 标准 | Lexile 标准 |
|---|---|---|---|---|---|
| Early Emergent | K | A-B | aa-A, B | to .9 | BR-199 |
| Upper Emergent | 1 | C to E<br>F to G<br>H to I | C to E<br>F to G<br>H to I | 1.0-1.9 | BR-199<br>200-299 |
| Early Fluent | 2 | J | K | 2.0-2.9 | 300-599 |
|  |  | K | L |  |  |
|  |  | L | M |  |  |
|  |  | M | N |  |  |
|  |  | M | O |  |  |
|  |  | N | P |  |  |
| Fluent | 3 | N | Q | 3.0-3.9 | 500-799 |
|  |  | O | R-S |  |  |
|  |  | P | T |  |  |
| Self Extending | 4 | Q | U | 4.0-4.9 | 600-899 |
|  |  | R | V |  |  |
|  |  | S | W |  |  |
|  | 5 | T | X | 5.0-5.9 | 700-999 |
|  |  | U | Y |  |  |
|  |  | V | Z |  |  |

## 表三　美国学生所处年级与阅读能力对照表

| 描述 | 年级 | Fountas & Pinnell (Guided Reading) 标准 | Basal Level 标准 | DRP (Degrees of Reading Power) 标准 | Reading Recovery 标准 | DRA Level 标准 | Lexile Level 标准 |
|---|---|---|---|---|---|---|---|
| Emergent | Kindergarten Grade 1 | A | Readiness | | 1 | A & 1 | |
| Early | Kindergarten Grade 1 | B | | | 2 | 2 & 3 | Beginning Reader |
| | Kindergarten Grade 1 | C | PP1 | | 3 & 4 | 4 | |
| | Grade 1 | D | PP2 | | 5 & 6 | 6 | |
| | Grade 1 | E | PP3 | | 7 & 8 | 8 | |
| | Grade 1 | F | Primer | | 9 & 10 | 10 | |
| | Grade 1 | G | | 25-30 | 11 & 12 | 12 | 100-400 |
| Transitional | Grade 1 | H | Grade 1 | | 13 & 14 | 14 | |
| | Grades 1 & 2 | I | | | 15, 16 & 17 | 16 | |
| | Grade 2 | J | Grade 2 | | 18, 19 & 20 | 18 | |
| | Grade 2 | K | | 30-44 | | 20 | 300-600 |
| | Grade 2 | L | | | | 24 | |
| | Grades 2 & 3 | M | | | | 28 | |
| Self-Extending | Grade 3 | N | Grade 3 | | | 30 | |
| | Grade 3 | O | | 44-54 | | 34 | 500-800 |
| | Grades 3 & 4 | P | | | | 38 | |
| Advanced | Grade 4 | Q & R | Grade 4 | 40-42 | | 40-44 | 600-900 |
| | Grade 5 | | Grade 5 | 44 | | 50 | 700-1000 |
| | Grade 6 | S-Z | Grade 6 | | | 60 | 800-1050 |
| | Grade 7 | | | | | 70 | 850-1099 |
| | Grade 8 | | | | | 80 | 900-1150 |
| | Grade 9 | | | | | | 1000-1199 |
| | Grade 10 | | | | | | 1025-1200+ |
| | Grade 11 | | | | | | 1050-1300+ |
| | Grade 12 | | | | | | 1075-1400+ |

## 表四　Scholastic 公司阅读指导分级对照表

| Scholastic Guided Reading Level 标准 | | DRA 标准 | Lexile 标准 |
|---|---|---|---|
| Kindergarten | A | A-1 | BR-100 |
| | B | 2 | |
| | C | 3-4 | |
| | D | 6 | |
| First Grade | A | A-1 | 200-400 |
| | B | 2 | |
| | C | 3-4 | |
| | D | 6 | |
| | E | 8 | |
| | F | 10 | |
| | G | 12 | |
| | H | 14 | |
| | I | 16 | |
| Second Grade | E | 8 | 300-600 |
| | F | 10 | |
| | G | 12 | |
| | H | 14 | |
| | I | 16 | |
| | J-K | 16-18 | |
| | L-M | 20-24 | |
| Third Grade | N | 28-30 | 500-750 |
| | J-K | 16-18 | |
| | L-M | 20-24 | |
| | N | 28-30 | |
| | O-P | 34-38 | |
| | Q | 40 | |
| Fourth Grade | M | 20-24 | 600-900 |
| | N | 28-30 | |
| | O-P | 34-38 | |
| | Q-R | 40 | |
| | S-T | 40-50 | |
| Fifth Grade | Q-R | 40 | 700-1000 |
| | S-V | 40-50 | |
| | W | 60 | |
| Sixth Grade | T-V | 50 | 800-1050 |
| | W-Y | 60 | |
| | Z | 70 | |

## 表五　Reading A–Z 读物分级对照表

| Reading A–Z 标准 | 年龄 | 年级 | Fountas & Pinnell 标准 | Reading Recovery 标准 | DRA 标准 | Lexile 标准 |
|---|---|---|---|---|---|---|
| aa | 4-6 | K | A | 1 | A-1 | BR-70 |
| A | 4-6 | K | A | 1 | A-1 | BR-70 |
| B | 4-6 | K | B | 2 | 2 | BR-70 |
| C | 4-6 | K | C | 3-4 | 3-4 | BR-70 |
| D | 4-7 | 1 | D | 5-6 | 6 | 80-450 |
| E | 6-7 | 1 | E | 7-8 | 8 | 80-450 |
| F | 6-7 | 1 | F | 9-10 | 10 | 80-450 |
| G | 6-7 | 1 | G | 11-12 | 12 | 80-450 |
| H | 6-7 | 1 | H | 13-14 | 14 | 80-450 |
| I | 6-7 | 1 | I | 15-16 | 16 | 80-450 |
| J | 6-8 | 1 | J | 17 | 18 | 451-500 |
| K | 7-8 | 2 | J | 17 | 18 | 451-550 |
| L | 7-8 | 2 | K | 18 | 20 | 501-550 |
| M | 7-8 | 2 | L | 19 | 24 | 551-600 |
| N | 7-8 | 2 | M | 20 | 28 | 551-650 |
| O | 7-8 | 2 | M | 20 | 28 | 601-650 |
| P | 7-8 | 2 | M | 28 | 28 | 601-650 |
| Q | 7-9 | 3 | N | 30 | 30 | 651-690 |
| R | 8-9 | 3 | N | 30 | 30 | 651-730 |
| S | 8-9 | 3 | O | 34 | 34 | 691-770 |
| T | 8-9 | 3 | P | 38 | 38 | 731-770 |
| U | 9-11 | 4 | Q | 40 | 40 | 771-800 |
| V | 9-11 | 4 | Q | 40 | 40 | 771-830 |
| W | 9-11 | 4 | R | 40 | 40 | 801-860 |
| X | 9-11 | 5 | S | 40 | 40 | 831-860 |
| Y | 9-11 | 5 | T | 40 | 40 | 861-890 |
| Z | 9-11 | 5 | U-W | N/A | 50 | 891-980 |

## 表六　美国某学区小学英文阅读要求
## Beaverton 校区英文阅读目标

| 年末目标 | | | | DRA、Guided Reading 和 Lexile 分级之间的关系 | | | |
|---|---|---|---|---|---|---|---|
| 年级 | Guided Reading 标准 | Developmental Reading Assessment 标准 | Lexiles 标准 | Lexiles 标准 | DRA 标准 | GR Texts 标准 | 年级 |
| K | B-C | 2-3 | | 200–400 | | 1...A | Kindergarten |
| | | | | | | 2...B | |
| | | | | | | 3...C | |
| 1 | H-I | 14-16 | 200-400 | | | 4...D | |
| | | | | | | 6-8..E | |
| | | | | | | 10..F | Grade 1 |
| 2 | L-M | 24-28 | 300-600 | | | 12...G | |
| | | | | | | 14...H | |
| | | | | | | 16...I | Grade 2 |
| 3 | P-Q | 38-40 | 500-800 | 300–600 | | 18...J | |
| | | | | | | 20...K | |
| 独立阅读得分 97% 或以上 | | | | | | 24...L | |
| | | | | | | 28...M | Grade 3 |
| | | | | | | 30...N | |
| 4 | Q-S | 40* | 600-900 | 500–800 | | 34...O | |
| | | | | | | 38...P | |
| | | | | | | 40..Q, R | Grade 4 |
| 5 | S-V | 50* | 700-1000 | 600–900 | | 50..S, T,U | Grade 5 |
| 6 | V-X | 60* | 800-1050 | | | 60..V, W,X | Grade 6 |
| 7 | Y | 70* | 900-1100 | 700–1050 | | 70...Y | Grade 7 |
| 8 | Z | 80* | 1000-1200 | | | 80...Z | Grade 8 |

## 表七 某些有名读物所对应的 Lexile 级别

| 书名 | 作者 | Lexile 标准 |
| --- | --- | --- |
| The Cat in the Hat | Dr. Seuss | 260L |
| Clifford the Big Red Dog | Norman Bridwell | 330L |
| The Very Hungry Caterpillar | Eric Carle | 460L |
| The Giving Tree | Shel Silverstein | 530L |
| The Sun Also Rises | Ernest Hemingway | 610L |
| Charlotte's Web | E. B. White | 680L |
| Twilight (novel) | Stephenie Meyer | 720L |
| A Farewell to Arms | Ernest Hemingway | 730L |
| Harry Potter and the Sorcerer's Stone (novel) | J. K. Rowling | 880L |
| A Tale of Two Cities | Charles Dickens | 990L |
| The Hobbit | J. R. R. Tolkien | 1000L |
| Gone with the Wind | Margaret Mitchell | 1100L |
| A Brief History of Time | Stephen Hawking | 1290L |

# 附录二 儿童英语阅读推荐书单①

## 书单一：美国教育协会推荐的 100 本最佳童书

### Books for Preschoolers（适合学龄前儿童）

*The Very Hungry Caterpillar* by Eric Carle　《好饿的毛毛虫》

*Goodnight Moon* by Margaret Wise Brown　《晚安，月亮》

*Brown Bear, Brown Bear, What Do You See*? by Bill Martin Jr. 《棕熊、棕熊，你看到了什么?》

*Guess How Much I Love You* by Sam McBratney　《猜猜我有多爱你》

*The Rainbow Fish* by Marcus Pfister　《彩虹鱼》

*Corduroy* by Don Freeman　《小熊可可》

*The Snowy Day* by Ezra Jack Keats　《下雪天》

*The Runaway Bunny* by Margaret Wise Brown　《逃家小兔》

### Books for Children Ages 4－8（适合 4－8 岁）

*Green Eggs and Ham* by Dr. Seuss　《绿鸡蛋和火腿》

*The Polar Express* by Chris Van Allsburg　《极地特快》

*The Cat in the Hat* by Dr. Seuss　《帽子里的猫》

*Where the Wild Things Are* by Maurice Sendak　《野兽出没的地方》

*Love You Forever* by Robert Munsch　《永远爱你》

---

① 这些书单都摘自网络，非本人整理，仅供参考

*Alexander and the Terrible, Horrible, No Good, Very Bad Day* by Judith Viorst

《亚历山大和倒霉、烦人、一点都不好、糟糕透顶的一天》

*The Mitten* by Jan Brett 《小手套》

*Stellaluna* by Janell Cannon 《星月》

*Oh, the Places You'll Go!* by Dr. Seuss 《噢，你将去的地方》

*Strega Nona* by Tomie De Paola 《巫婆奶奶》

*The Velveteen Rabbit* by Margery Williams 《绒布小兔子》

*How the Grinch Stole Christmas!* by Dr. Seuss 《圣诞怪杰》

*The True Story of the Three Little Pigs* by Jon Scieszka 《三只小猪的真实故事》

*Chicka Chicka Boom Boom* by Bill Martin Jr. 《叽喀叽喀碰碰》

*The Complete Tales of Winnie-The-Pooh* by A. A. Milne 《小熊维尼故事全集》

*If You Give a Mouse a Cookie* by Laura Joffe Numeroff 《要是你给老鼠吃饼干》

*The Lorax* by Dr. Seuss 《罗拉克斯》

*Amazing Grace* by Mary Hoffman 《格蕾丝冒险记》

*Jumanji* by Chris Van Allsburg 《勇敢者游戏》

*Math Curse* by Jon Scieszka 《数学魔咒》

*Are You My Mother?* by P. D. Eastman 《你是我的妈妈吗？》

*The Napping House* by Audrey Wood 《打瞌睡的房子》

*Sylvester and the Magic Pebble* by William Steig 《驴小弟变石头》

*The Tale of Peter Rabbit* by Beatrix Potter 《彼得兔的故事》

*Horton Hatches the Egg* by Dr. Seuss 《霍顿孵蛋》

*Basil of Baker Street* by Eve Titus 《老鼠侦探》

*The Little Engine That Could* by Watty Piper 《小火车头做到了》

*Curious George* by Hans Augusto Rey 《好奇猴子乔治》

*Wilfrid Gordon McDonald Partridge* by Mem Fox 《威威找记忆》

*Arthur series* by Marc Tolon Brown 《亚瑟》系列

*Lilly's Purple Plastic Purse* by Kevin Henkes 《莉莉的紫钱包》

*The Little House* by Virginia Lee Burton 《小房子》

*Amelia Bedelia* by Peggy Parish 《阿米利亚·波德里亚》

*The Art Lesson* by Tomie dePaola 《艺术课》

*Caps for Sale* by Esphyr Slobodkina 《卖帽子》

*Clifford, the Big Red Dog* by Norman Bridwell 《大红狗系列》

*The Paper Bag Princess* by Robert N. Munsch 《纸袋公主》

*Horton Hears a Who!* by Dr. Seuss 《霍顿听见了呼呼的声音》

*Make Way for Ducklings* by Robert MeCloskey 《给小鸭子让路》

*One Fish Two Fish Red Fish Blue Fish* by Dr. Seuss 《一条鱼，两条鱼，红色的鱼，
蓝色的鱼》

## Books for Children Ages 9 – 12 ( 适合 9 – 12 岁 )

*Charlotte's Web* by E. B. White 《夏洛的网》

*Hatchet* by Gary Paulsen 《手斧男孩》

*The Lion, the Witch, and the Wardrobe* by C. S. Lewis 《纳尼亚传奇：狮子，女巫
和魔衣橱》

*Bridge to Terabithia* by Katherine Paterson 《仙境之桥》

*Charlie and the Chocolate Factory* by Roald Dahl 《查理和巧克力工厂》

*A Wrinkle in Time* by Madeleine L'Engle 《时间的皱纹》

*Shiloh* by Phyllis Reynolds Naylor 《喜乐与我》

*Little House on the Prarie* by Laura Ingalls Wilder 《草原上的小屋》

*The Secret Garden* by Frances Hodgson Burnett 《秘密花园》

*The Boxcar Children* by Gertrude Chandler Warner 《棚车少年》

*Sarah, Plain and Tall* by Patricia MacLachlan 《又丑又高的莎拉》

*The Indian in the Cupboard* by Lynne Reid Banks 《魔柜小奇兵》

*Island of the Blue Dolphins* by Scott O'Dell 《蓝色的海豚岛》

*Maniac Magee* by Jerry Spinelli 《疯狂麦基》

*The BFG* by Roald Dahl 《好心眼儿巨人》

*The Giver* by Lois Lowry 《记忆传授人》

*James and the Giant Peach: A Children's Story* by Roald Dahl 《詹姆斯和仙桃巨人》

*Little House in the Big Woods* by Laura Ingalls Wilder 《大森林里的小木屋》

*Roll of Thunder, Hear My Cry* by Mildred D. Taylor 《黑色棉花田》

*Stone Fox* by John Reynolds Gardiner 《石狐》

*Number the Stars* by Lois Lowry 《数星星》

*Mrs. Frisby and the Rats of NIMH* by Robert C. O'Brien 《弗里斯比太太和尼姆的老鼠》

*The Best Christmas Pageant Ever* by Barbara Robinson　《最好的圣诞大游行》

*Matilda* by Roald Dahl 《玛蒂尔达》

*Tales of a Fourth Grade Nothing* by Judy Blume　《四年级的无聊事》

*Ramona Quimby, Age 8* by Beverly Cleary 《雷梦拉八岁》

*The Trumpet of the Swan* by E. B. White　《真爱伴鹅行》

*The Chronicles of Narnia* by C. S. Lewis　《纳尼亚传奇》

*The Phantom Tollbooth* by Norton Juster　《神奇的收费亭》

*Tuck Everlasting* by Natalie Babbitt　《不老泉》

*Anne of Green Gables* by L. M.Montgomery　《绿山墙的安妮》

*The Great Gilly Hopkins* by Katherine Paterson　《养女基里》

*Little House books* by Laura Ingalls Wilder《小小龙书斋》

*Sideways Stories from Wayside School* by Louis Sachar　《歪歪小学的荒诞故事》

*Harriet the Spy* by Louise Fitzhugh　《小间谍哈瑞特》

*A Light in the Attic* by Shel Silverstein　《阁楼上的光》

*Mr. Popper's Penguins* by Richard Atwater　《波普先生的企鹅》

*My Father's Dragon* by Ruth Stiles Gannett　《我爸爸的小飞龙》

*Stuart Little* by E. B. White　《精灵鼠小弟》

*Walk Two Moons* by Sharon Creech　《印第安人的麂皮靴》

*The Witch of Blackbird Pond* by Elizabeth George Speare　《黑鸟池塘的女巫》

*The Watsons Go to Birmingham—1963* by Christopher Paul Curtis《沃森一家去伯明翰—1963》

## Books for Young Adults（适合青少年）

*The Sign of the Beaver* by Elizabeth George Speare　《海狸的信号》

*Where the Red Fern Grows* by Wilson Rawls　《红色羊齿草的故乡》

*The Hobbit* by J. R. R. Tolkien　《霍比特人》

*Summer of the Monkeys* by Wilson Rawls　《猴子的夏天》

*The Cay* by Theodore Taylor　《珊瑚岛》

## Books for All Ages　（适合所有年龄）

*The Giving Tree* by Shel Silverstein　《爱心树》

*Where the Sidewalk Ends* by Shel Silverstein　《人行道的尽头》

*Little Women* by Louisa May Alcott　《小妇人》

*The Wizard of Oz* by L. Frank Baum　《绿野仙踪》

*Heidi* by Johanna Spyri　《海蒂》

## 书单二：纽约公共图书馆民意评出的"世界 100 本最棒儿童小说"（2010）

1　*Charlotte's Web* by E.B. White　《夏洛的网》

2　*A Wrinkle in Time* by Madeleine L'Engle《时间的皱纹》

3　*Harry Potter and the Sorcerer's Stone* by J. K. Rowling《哈利·波特与魔法石》

4　*The Lion, the Witch and the Wardrobe* by C. S. Lewis 《纳尼亚传奇：狮子，女巫和魔衣橱》

5　*From the Mixed-Up Files of Mrs. Basil E. Frankweiler* by E. L. Konigsburg《天使雕像》

6　*Holes* by Louis Sachar《洞》

7　*The Giver* by Lois Lowry《记忆传授人》

8　*The Secret Garden* by Frances Hodgson Burnett《秘密花园》

9　*Anne of Green Gables* by L.M. Montgomery《绿山墙的安妮》

10　*The Phantom Tollbooth* by Norton Juster《神奇的收费亭》

11　*The Westing Game* by Ellen Raskin《威斯汀游戏》

12　*The Hobbit* by J. R. R. Tolkien《霍比特人》

13　*Bridge to Terabithia* by Katherine Paterson《仙境之桥》

14　*Harry Potter and the Prisoner of Azkaban* by J. K. Rowling《哈利·波特与阿兹卡班的囚徒》

15　*Because of Winn-Dixie* by Kate DiCamillo《傻狗温迪克》

16　*Harriet the Spy* by Louise Fitzhugh《小间谍哈瑞特》

17　*Maniac Magee* by Jerry Spinelli《疯狂麦基》

18　*Matilda* by Roald Dahl《玛蒂尔达》

19　*Charlie and the Chocolate Factory* by Roald Dahl《查理和巧克力工厂》

20　*Tuck Everlasting* by Natalie Babbitt《不老泉》

21　*Percy Jackson and the Olympians: The Lightning Thief* by Rick Riodan《波西·杰克逊和神火之盗》

22　*The Tale of Despereaux: Being the Story of a Mouse, a Princess, Some Soup, and a Spool of Thread* by Kate DiCamillo《浪漫鼠德佩罗》

23　*Little House in the Big Woods* by Laura Ingalls Wilder《大森林里的小木屋》

24　*Harry Potter and the Deathly Hallows* by J. K. Rowling《哈利·波特与死亡圣器》

25  *Little Women* by Louisa May Alcott 《小妇人》

26  *Hatchet* by Gary Paulsen 《手斧男孩》

27  *A Little Princess* by Francis Hodgson Burnett《小公主》

28  *Winnie-the Pooh* by A.A. Milne《小熊维尼故事全集》

29  *Alice's Adventures in Wonderl* and *Alice Through the Looking Glass* by Lewis Carroll 《爱丽丝梦游仙境》和《爱丽丝镜中奇遇》

30  *The Dark is Rising* by Susan Cooper《黑暗崛起》

31  *Half Magic* by Edward Eager《半个魔法》

32  *Mrs. Frisby and the Rats of NIMH* by Robert C. O'Brien《弗里斯比太太和尼姆的老鼠》

33  *James and the Giant Peach* by Roald Dahl《詹姆斯与大仙桃》

34  *Watsons Go to Birmingham—1963* by Christopher Paul Curtis 《沃森一家去伯明翰—1963》

35  *Harry Potter and the Goblet of Fire* by J. K. Rowling 《哈利·波特与火焰杯》

36  *Are You There, God? It's Me, Margaret* by Judy Blume 《上帝，你在吗？是我，玛格丽特》

37  *Roll of Thunder, Hear My Cry* by Mildred Taylor《黑色棉花田》

38  *Harry Potter and the Order of the Phoenix* by J. K. Rowling《哈利·波特与凤凰社》

39  *When You Reach Me* by Rebecca Stead 《当你到达我》

40  *The Wonderful Wizard of Oz* by L. Frank Baum 《绿野仙踪》

41  *The Witch of Blackbird Pond* by Elizabeth George Speare 《黑鸟池塘的女巫》

42  *Little House on the Prairie* by Laura Ingalls Wilder《草原上的小屋》

43  *Ramona the Pest* by Beverly Cleary 《烦人的雷梦拉》

44  *Tales of a Fourth Grade Nothing* by Judy Blume 《四年级的无聊事》

45  *The Golden Compass* by Philip Pullman《黄金罗盘》

46  *Where the Red Fern Grows* by Wilson Rawls 《红色羊齿草的故乡》

47  *Bud, Not Buddy* by Christopher Paul Curtis《我叫巴德，不叫巴弟》

48  *The Penderwicks: A Summer Tale of Four Sisters, Two Rabbits and a Very Interesting Boy* by Jeanne Birdsall《夏天的故事》

49  *Frindle* by Andrew Clements《我们叫它粉灵豆》

50  *Island of the Blue Dolphins* by Scott O'Dell《蓝色的海豚岛》

51  *The Saturdays* by Elizabeth Enright 《星期六》

52  *The Invention of Hugo Cabret* by Brian Selznick《造梦的雨果》

53  *Wind in the Willows* by Kenneth Grahame《柳林风声》

54  *The BFG* by Roald Dahl《好心眼儿巨人》

55  *The Great Gilly Hopkins* by Katherine Paterson 《养女基里》

56  *Number the Stars* by Lois Lowry《数星星》

57  *Ramona Quimby, Age 8* by Beverly Cleary《雷梦拉八岁》

58  *The Wolves of Willoughby Chase* by Joan Aiken《威利山庄的狼群》

59  *Inkheart* by Cornelia Funke 《墨水心》

60  *The True Confessions of Charlotte Doyle* by Avi 《女水手日记》

61  *Stargirl* by Jerry Spinelli《星妞》

62  *The Secret of the Old Clock* (*The Nancy Drew mysteries*) by Caroline Keene《神秘钟》

63 *Gone-Away Lake* by Elizabeth Enright《消失的湖》

64 *A Long Way from Chicago* by Richard Peck《远离芝加哥的地方》

65 *Ballet Shoes* by Noel Streatfeild 《芭蕾舞鞋》

66 *Henry Huggins* by Beverly Cleary《亨利·哈金斯》

67 *Jeremy Thatcher, Dragon Hatcher* by Bruce Coville《杰瑞米·撒切尔》

68 *Walk Two Moons* by Sharon Creech《印弟安人的麂皮靴》

69 *The Mysterious Benedict Society* by Trenton Lee Stewart《天才神秘会社》

70 *Betsy Tacy* by Maud Hart Lovelace《贝茨·泰西》

71 *A Series of Unfortunate Events: The Bad Beginning* by Lemony Snicket《雷蒙·斯尼奇的不幸历险 1：悲惨的开始》

72 *My Father's Dragon* by Ruth Stiles Gannett《我爸爸的小飞龙》

73 *My Side of the Mountain* by Jean Craighead George《山居岁月》

74 *The Borrowers* by Mary Norton《借东西的小人》

75 *Love That Dog* by Sharon Creech《爱那只狗》

76 *Out of the Dust* by Karen Hesse《风儿不要来》

77 *The City of Ember* by Jeanne DuPrau 《微光城市》

78 *Johnny Tremain* by Esther Forbes《约翰尼·特雷曼》

79 *All-of-a-Kind Family* by Sydney Taylor《全家都这样》

80 *The Graveyard Book* by Neil Gaiman 《坟场之书》

81 *Where the Mountain Meets the Moon* by Grace Lin《月夜仙踪》

82 *The Book of Three* by Lloyd Alexander《三书》

83 *The Thief* by Megan Whalen Turner 《小偷》

84 *The Little White Horse* by Elizabeth Goudge 《小白马》

85 *On the Banks of Plum Creek* by Laura Ingalls Wilder《在梅溪边》

86 *Harry Potter and the Chamber of Secrets* by J. K. Rowling《哈利·波特与密室》

87 *The View from Saturday* by E. L. Konigsburg《相约星期六》

88 *The High King* by Lloyd Alexander《高大的国王》

89 *Ramona and her Father* by Beverly Cleary《雷梦拉与爸爸》

90 *Sarah, Plain and Tall* by Patricia MacLachlan《又丑又高的莎拉》

91 *Sideways Stories from Wayside School* by Louis Sachar《歪歪小学的荒诞故事》

92 *Ella Enchanted* by Gail Carson Levine《魔法灰姑娘》

93 *Caddie Woodlawn* by C. R. Brink《伍德龙一家》

94 *Swallows and Amazons* by Arthur Ransome《燕子号与亚马逊号》

95 *Pippi Longstocking* by Astrid Lindgren《长袜子皮皮》

96 *The Witches* by Roald Dahl《女巫》

97 *The Miraculous Journey of Edward Tulane* by Kate DiCamillo 《爱德华的奇妙旅行》

98 *Children of Green Knowe* by L. M. Boston《格林·诺伊家的孩子》

99 *The Indian in the Cupboard* by Lynne Reid Banks《魔柜小奇兵》

100 *The Egypt Game* by Zilpha Keatley Snyder《埃及游戏》

## 书单三：Scholastic 公司评出的 100 本最佳童书书单

### The Complete Checklist: 100 Must-Read Books

Our 100 Greatest Books for Kids list spans a variety of ages and genres, so there's something for everyone. Print out this checklist and make it yours: Mark the books you've shared with your children or they have read, star family favorites, and highlight titles you're looking forward to bringing home from the library or bookstore.
www.Scholastic.com/100books

1 ☐ Charlotte's Web
Written by E. B. White and illustrated by Garth Williams
`Ages 8-10` Fiction: fantasy, animal characters

2 ☐ Goodnight Moon
Written by Margaret Wise Brown and illustrated by Clement Hurd
`Ages 0-3` Fiction: animal characters

3 ☐ A Wrinkle in Time
Written by Madeleine L'Engle
`Ages 11+` Fiction: fantasy

4 ☐ The Snowy Day
Written and illustrated by Ezra Jack Keats
`Ages 4-7` Fiction: realistic fiction

5 ☐ Where the Wild Things Are
Written and illustrated by Maurice Sendak
`Ages 0-3` Fiction: fantasy

6 ☐ Harry Potter and the Sorcerer's Stone
Written by J. K. Rowling and illustrated by Mary GrandPre
`Ages 11+` Fiction: fantasy, folktales/fairy tales/myths

7 ☐ Green Eggs and Ham
Written and illustrated by Dr. Seuss
`Ages 4-7` Fiction: fantasy

8 ☐ The Diary of a Young Girl
Written by Anne Frank
`Ages 11+` Nonfiction: autobiography

9 ☐ The Giving Tree
Written and illustrated by Shel Silverstein
`Ages 4-7` Fiction: fantasy, fable

10 ☐ Frog and Toad Are Friends
Written and illustrated by Arnold Lobel
`Ages 8-10` Fiction: animal characters

11 ☐ Anne of Green Gables
Written by L. M. Montgomery
`Ages 11+` Fiction: realistic fiction

12 ☐ The Very Hungry Caterpillar
Written and illustrated by Eric Carle
`Ages 0-3` Informational: early concepts (colors, numbers); Fiction: animal characters

13 ☐ Madeline
Written and illustrated by Ludwig Bemelmans
`Ages 4-7` Fiction: realistic fiction

14 ☐ The Wind in the Willows
Written by Kenneth Grahame and illustrated by Inga Moore
`Ages 8-10` Fiction: fantasy, animal characters

15 ☐ The Dot
Written and illustrated by Peter H. Reynolds
`Ages 4-7` Fiction: realistic fiction

16 ☐ Tuck Everlasting
Written by Natalie Babbitt
`Ages 11+` Fiction: fantasy

17 ☐ Pat the Bunny
Written and illustrated by Dorothy Kunhardt
`Ages 0-3` Informational: early concepts (the senses); fiction: realistic fiction

18 ☐ When Marian Sang: The True Recital of Marian Anderson
Written by Pam Muñoz Ryan and illustrated by Brian Selznick
`Ages 8-10` Nonfiction: biography

19 ☐ Knuffle Bunny: A Cautionary Tale
Written and illustrated by Mo Willems
`Ages 0-3` Fiction: realistic fiction

20 ☐ Where the Sidewalk Ends
Written and illustrated by Shel S ilverstein
`Ages 8-10` Fiction: poetry

21 ☐ Bud, Not Buddy
Written by Christopher Paul Curtis
`Ages 11+` Fiction: realistic fiction, historical fiction

22 ☐ Corduroy
Written and illustrated by Don Freeman
**Ages 0-3** Fiction: fantasy, animal characters

23 ☐ The Phantom Tollbooth
Written by Norton Juster and illustrated by Jules Feiffer
**Ages 8-10** Fiction: fantasy

24 ☐ The Little Engine That Could
Written by Watty Piper and illustrated by George and Doris Hauman
**Ages 4-7** Fiction: fantasy

25 ☐ The Giver
Written by Lois Lowry
**Ages 11+** Fiction: science fiction, dystopia

26 ☐ Where the Mountain Meets the Moon
Written and illustrated by Grace Lin
**Ages 8-10** Fiction: fantasy, folktales/fairy tales/myth

27 ☐ Black on White
Written and illustrated by Tana Hoban
**Ages 0-3** Informational: early concepts

28 ☐ Don't Let the Pigeon Drive the Bus!
Written and illustrated by Mo Willems
**Ages 4-7** Fiction: fantasy, animal characters

29 ☐ Are You There God? It's Me, Margaret.
Written by Judy Blume
**Ages 11+** Fiction: realistic fiction

30 ☐ My Rotten Redheaded Older Brother
Written and illustrated by Patricia Polacco
**Ages 8-10** Fiction: realistic fiction

31 ☐ The Mitten
Written and illustrated by Jan Brett
**Ages 4-7** Fiction: folktales, animal characters

32 ☐ The Runaway Bunny
Written by Margaret Wise Brown and illustrated by Clement Hurd
**Ages 0-3** Fiction: animal characters

33 ☐ The Hunger Games
Written by Suzanne Collins
**Ages 11+** Fiction: science fiction, dystopia

34 ☐ Swimmy
Written and illustrated by Leo Lionni
**Ages 4-7** Fiction: animal characters

35 ☐ Freight Train
Written and illustrated by Donald Crews
**Ages 0-3** Informational: early concepts (colors, train cars); Fiction: realistic fiction

36 ☐ The Secret Garden
Written by Francis Hodgson Burnett and illustrated by Tasha Tudor
**Ages 8-10** Fiction: realistic fiction

37 ☐ The Little Mouse, the Red Ripe Strawberry, and the Big Hungry Bear
Written by Don and Audrey Wood and illustrated by Don Wood
**Ages 4-7** Fiction: animal characters

38 ☐ Diary of a Wimpy Kid
Written and illustrated by Jeff Kinney
**Ages 11+** Fiction: realistic fiction

39 ☐ Zen Shorts
Written and illustrated by John J. Muth
**Ages 8-10** Fiction: fantasy, fables/folktales/myths, animal characters

40 ☐ Moo, Baa, La La La
Written and illustrated by Sandra Boynton
**Ages 0-3** Informational: early concepts (animal sounds), Fiction: animal characters

41 ☐ Matilda
Written by Roald Dahl and illustrated by Quentin Blake
**Ages 8-10** Fiction: fantasy

42 ☐ What Do People Do All Day?
Written and illustrated by Richard Scarry
**Ages 4-7** Informational: early concepts (jobs), Fiction: animal characters

43 ☐ The Lion, The Witch and the Wardrobe
Written by C. S. Lewis and illustrated by Pauline Baynes
**Ages 11+** Fiction: fantasy

44 ☐ Good Night, Gorilla
Written and illustrated by Peggy Rathmann
**Ages 0-3** Fiction: fantasy, animal characters

45 ☐ The Composition
Written by Antonio Skármeta and illustrated by Alfonso Ruano
**Ages 8-10** Fiction: realistic fiction

46 ☐ Not a Box
Written and illustrated by Antoinette Portis
**Ages 4-7** Fiction: animal characters

47 ☐ Brown Bear, Brown Bear, What Do You See?
Written by Bill Martin, Jr. and illustrated by Eric Carle
**Ages 0-3** Informational: early concepts (colors); Fiction: animal characters

48 ☐ Hatchet
Written by Gary Paulsen
**Ages 11+** Fiction: realistic fiction

49 ☐ Martin's Big Words
Written by Doreen Rappaport and illustrated
by Bryan Collier
**Ages 4-7** Nonfiction: biography

50 ☐ Sarah, Plain and Tall
Written by Patricia MacLachlan
**Ages 8-10** Fiction: realistic fiction

51 ☐ Sylvia Long's Mother Goose
Written and illustrated by Sylvia Long
**Ages 0-3** Fiction: nursery rhymes, animal characters

52 ☐ The Lightning Thief
Written by Rick Riordan
**Ages 11+** Fiction: fantasy/myths

53 ☐ The House at Pooh Corner
Written by A. A. Milne and illustrated by Ernest
H. Shepard
**Ages 4-7** Fiction: fantasy, animal characters

54 ☐ Through My Eyes
Written by Ruby Bridges
**Ages 11+** Nonfiction: autobiography

55 ☐ Smile!
Written and illustrated by Roberta Grobel
Intrater
**Ages 0-3** Informational: early concepts
(facial expressions/emotions); Fiction: realistic fiction

56 ☐ Living Sunlight
Written by Molly Bang and Penny Chisholm
and illustrated by Molly Bang
**Ages 8-10** Nonfiction: science

57 ☐ The Bad Beginning
Written by Lemony Snicket and illustrated by
Brett Helquist
**Ages 11+** Fiction: fantasy

58 ☐ Harvesting Hope: The Story of Cesar
Chavez
Written by Kathleen Krull and illustrated by
Yuyi Morales
**Ages 8-10** Nonfiction: biography

59 ☐ Dear Juno
Written by Soyung Pak and illustrated by
Susan Kathleen Hartung
**Ages 4-7** Fiction: realistic fiction

60 ☐ Head, Shoulders, Knees, and Toes
Written and illustrated by Annie Kubler
**Ages 0-3** Informational: early concepts
(body parts) Fiction: songs/nursery rhymes

61 ☐ The Lion and the Mouse
Written and illustrated by Jerry Pinkney
**Ages 4-7** Fiction: animal characters, fables

62 ☐ Diary of a Worm
Written by Doreen Cronin and illustrated by
Harry Bliss
**Ages 8-10** Fiction: fantasy, animal characters

63 ☐ The Invention of Hugo Cabret
Written and illustrated by Brian Selznick
**Ages 11+** Fiction: realistic fiction, historical fiction

64 ☐ My Truck Is Stuck
Written by Kevin Lewis and illustrated by
Daniel Kirk
**Ages 0-3** Fiction: animal character

65 ☐ Birds
Written by Kevin Henkes and illustrated by
Laura Dronzek
**Ages 4-7** Fiction: realistic fiction

66 ☐ The Maze of Bones
Written by Rick Riordan
**Ages 8-10** Fiction: realistic fiction, adventure

67 ☐ Esperanza Rising
Written by Pam Muñoz Ryan
**Ages 11+** Fiction: realistic fiction, historical fiction

68 ☐ Counting Kisses: A Kiss and Read Book
Written and illustrated by Karen Katz
**Ages 0-3** Informational: early concepts (numbers,
body parts); Fiction: realistic fiction

69 ☐ The Magic School Bus at the Waterworks
Written by Joanna Cole and illustrated by
Bruce Degen
**Ages 8-10** Informational: science; Fiction: fantasy

70 ☐ Blackout
Written and illustrated by John Rocco
**Ages 4-7** Fiction: realistic fiction

71 ☐ Bridge to Terabithia
Written by Katherine Paterson
**Ages 11+** Fiction: realistic fiction

72 ☐ Are You My Mother?
Written and illustrated by P. D. Eastman
**Ages 0-3** Fiction: animal characters

73 ☐ Tea with Milk
Written and illustrated by Allen Say
**Ages 8-10** Fiction: realistic fiction

74 ☐ Owl Moon
Written by Jane Yolen and illustrated by John
Schoenherr
**Ages 4-7** Fiction: realistic fiction

75 ☐ Holes
Written by Louis Sachar
**Ages 11+** Fiction: realistic fiction

76 ☐ Peek-a Who?
Written and illustrated by Nina Laden
**Ages 0-3** Fiction: fantasy, realistic fiction

77 ☐ Hi! Fly Guy
Written and illustrated by Tedd Arnold
**Ages 8-10** Fiction: fantasy, animal characters

78 ☐ Mrs. Frisby and the Rats of NIMH
Written by Robert C. O'Brien and illustrated by Zena Bernstein
**Ages 11+** Fiction: fantasy, animal characters

79 ☐ Llama Llama Red Pajama
Written and illustrated by Anna Dewdney
**Ages 0-3** Fiction: animal characters

80 ☐ What Do You Do With a Tail Like This?
Written and illustrated by Steve Jenkins and Robin Page
**Ages 4-7** Nonfiction: science

81 ☐ Lincoln: A Photobiography
Written by Russell Freedman
**Ages 11+** Nonfiction: biography

82 ☐ Ivy & Bean
Written by Annie Barrows and illustrated by Sophie Blackall
**Ages 8-10** Fiction: realistic fiction

83 ☐ Yoko
Written and illustrated by Rosemary Wells
**Ages 4-7** Fiction: animal characters

84 ☐ No No Yes Yes
Written and illustrated by Leslie Patricelli
**Ages 0-3** Informational: early concepts (opposites); Fiction: realistic fiction

85 ☐ Tales of a Fourth Grade Nothing
Written by Judy Blume
**Ages 8-10** Fiction: realistic fiction

86 ☐ Interrupting Chicken
Written and illustrated by David Ezra Stein
**Ages 4-7** Fiction: animal characters

87 ☐ Rules
Written by Cynthia Lord
**Ages 11+** Fiction: realistic fiction

88 ☐ Grumpy Bird
Written and illustrated by Jeremy Tankard
**Ages 0-3** Fiction: animal characters

89 ☐ An Egg Is Quiet
Written by Dianna Hutts Aston and illustrated by Sylvia Long
**Ages 4-7** Nonfiction: science

90 ☐ Puss in Boots
Written by Charles Perault and illustrated by Fred Marcellio
**Ages 8-10** Fiction: folk & fairy tales, animal characters

91 ☐ Team Moon: How 400,000 People Landed Apollo 11 on the Moon
Written by Catherine Thimmesh
**Ages 11+** Nonfiction: science and social studies

92 ☐ What Shall We Do With the Boo Hoo Baby?
Written by Cressida Cowell and illustrated by Ingrid Godon
**Ages 0-3** Fiction: fantasy, animal characters

93 ☐ We the Kids: The Preamble to the Constitution of the United States
Written and illustrated by David Catrow
**Ages 8-10** Informational: historical documents

94 ☐ I Took the Moon for a Walk
Written by Carolyn Curtis and illustrated by Alison Jay
**Ages 4-7** Fiction: fantasy, poetry

95 ☐ A Single Shard
Written by Linda Sue Park
**Ages 11+** Fiction: realistic fiction, historical fiction

96 ☐ Gossie
Written and illustrated by Olivier Dunrea
**Ages 4-7** Fiction: animal characters

97 ☐ The Adventures of Captain Underpants
Written and illustrated by Dav Pilkey
**Ages 8-10** Fiction: fantasy

98 ☐ Bright Baby: First Words
Written and illustrated by Roger Priddy
**Ages 0-3** Informational: early concepts

99 ☐ Joyful Noise: Poems for Two Voices
Written by Paul Fleischman and illustrated by Eric Beddows
**Ages 11+** Informational: science; Fiction: fantasy; poetry

100 ☐ Animalia
Written and illustrated by Graeme Base
**Ages 4-7** Informational: concepts (alphabet); Fiction: fantasy, animal characters

## 书单四：美国纽伯瑞儿童文学奖获奖书目（1922-2014）

| 获奖年份 | 作家及获奖情况 | 获奖书目 |
|---|---|---|
| 1922 年 | Hendrik Willem van Loon 荣获金奖 | The Story of Mankind 《人类的故事》 |
| | Charles Boardman Hawes 荣获银奖 | The Great Quest《海上冒险王》 |
| 1923 年 | Hugh Lofting 荣获金奖 | The Voyages of Doctor Dolittle 《杜立德医生航海记》 |
| 1924 年 | Charles Boardman Hawes 荣获金奖 | The Dark Frigate《黑暗护卫舰》 |
| 1925 年 | Charles J. Finger 荣获金奖 | Tales from Silver Lands 《银色大地的传说》 |
| | Anne Parrish 荣获银奖 | The Dream Coach《梦想教练》 |
| 1926 年 | Arthur Bowie Chrisman 荣获金奖 | Shen of the Sea《海神的故事》 |
| | Padraic Colum 荣获银奖 | The Voyagers《航海者》 |
| 1927 年 | Will James 荣获金奖 | Smoky the Cow Horse 《牧牛小马斯摩奇》 |
| 1928 年 | Dhan Gopal Mukerji 荣获金奖 | Gay Neck《花颈鸽》 |
| | Ella Young 荣获银奖 | The Wonder Smith and His Son 《史密斯和他的儿子》 |
| 1929 年 | Eric P. Kelly 荣获金奖 | The Trumpeter of Krakow 《吹号手的诺言》 |
| | Wanda Gag 荣获银奖 | Millions of Cats《100 万只猫》 |
| 1930 年 | Rachel Field 荣获金奖 | Hitty, Her First Hundred Years 《木头娃娃的旅行》 |
| | Jeanette Eaton 荣获银奖 | A Daughter of the Seine: The Life of Madame Roland 《塞纳河的女儿》 |
| 1931 年 | Elizabeth Coatsworth 荣获金奖 | The Cat Who Went to Heaven 《去了天堂的猫》 |
| | Anne Parrish 荣获银奖 | Floating Island《漂流岛》 |

| 获奖年份 | 作家及获奖情况 | 获奖书目 |
|---|---|---|
| 1932 年 | Laura Adams Armer<br>荣获金奖 | *Waterless Mountain*《荒泉山》 |
| | Rachel Field/ Allen Lewis<br>荣获银奖 | *Calico Bush*《卡利柯灌木丛》 |
| 1933 年 | Elizabeth Foreman Lewis /William Low 荣获金奖 | *Young Fu of the Upper Yangtze*《扬子江上游的小傅》 |
| | Nora Burglon 荣获银奖 | *Children of the Soil: A Story of Scandinavia*《土壤的孩子》 |
| 1934 年 | Cornelia Meigs 荣获金奖 | *Invincible Louisa: The Story of the Author of Little Women*《不可征服的路易莎：小妇人作者的故事》 |
| | Wanda Gag 荣获银奖 | *The ABC Bunny*《ABC 兔子》 |
| 1935 年 | Monica Shannon / Atanas Katchamakoff 荣获金奖 | *Dobry*《杜伯瑞》 |
| | Hilda van Stockum<br>荣获银奖 | *A Day on Skates:The Story of a Dutch Pichic*《冰鞋上的一天》 |
| 1936 年 | Carol Ryrie Brink 荣获金奖 | *Caddie Woodlawn*《野丫头凯蒂》 |
| | Kate Seredy 荣获银奖 | *The Good Master*《好主人》 |
| 1937 年 | Ruth Sawyer 荣获金奖 | *Roller Skates*《滑轮冰鞋》 |
| | Ludwig Bemelmans 荣获银奖 | *The Golden Basket*《金篮子》 |
| 1938 年 | Kate Seredy 荣获金奖 | *The White Stag*《白牡鹿》 |
| | Laura Ingalls Wilder<br>荣获银奖 | *On the Banks of Plum Creek*《在梅溪边》 |
| 1939 年 | Elizabeth Enright 荣获金奖 | Thimble Summer 《银顶针的夏天》 |
| | Richard Atwater / Florence Atwater 荣获银奖 | *Mr. Popper's Penguins*《波普先生的企鹅》 |
| 1940 年 | James Daugherty 荣获金奖 | *Daniel Boone*《丹尼尔·布恩》 |
| | Laura Ingalls Wilder<br>荣获银奖 | *By the Shores of Silver Lake*《银湖岸边》 |
| 1941 年 | Armstrong Sperry 荣获金奖 | *Call It Courage*《海上小勇士》 |
| | Laura Ingalls Wilder<br>荣获银奖 | *The Long Winter*《漫长的冬季》 |

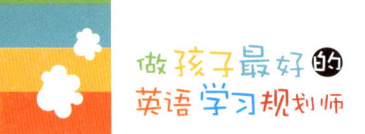

续表

| 获奖年份 | 作家及获奖情况 | 获奖书目 |
|---|---|---|
| 1942 年 | Walter D. Edmonds 荣获金奖 | *The Matchlock Gun*《火枪》 |
| | Laura Ingalls Wilder 荣获银奖 | *Little Town on the Prairie*《草原小镇》 |
| 1943 年 | Elizabeth Janet Gray 荣获金奖 | *Adam of the Road*《大路上的亚当》 |
| | Eleanor Estes / Louis Slobodkin 荣获银奖 | *The Middle Moffat*《鬼灵精阿珍》 |
| 1944 年 | Esther Forbes 荣获金奖 | *Johnny Tremain*《乔尼·特瑞美》 |
| | Laura Ingalls Wilder/ Williams Garth 荣获银奖 | *These Happy Golden Years*《那些金色年华》 |
| 1945 年 | Robert Lawson 荣获金奖 | *Rabbit Hill*《兔子坡》 |
| | Eleanor Estes 荣获银奖 | *The Hundred Dresses*《一百条裙子》 |
| 1946 年 | Lois Lenski 荣获金奖 | *Strawberry Girl*《草莓女孩》 |
| | Marguerite Henry / Wesley Dennis 荣获银奖 | *Justin Morgan Had a Horse*《摩根马》 |
| 1947 年 | Carolyn Sherwin Bailey 荣获金奖 | *Miss Hickory*《山胡桃木小姐》 |
| | Eleanore M. Jewett 荣获银奖 | *The Hidden Treasure of Glaston*《格拉斯通隐藏的宝藏》 |
| 1948 年 | William Pène Du Bois 荣获金奖 | *The Twenty-One Balloons*《二十一个气球》 |
| | Marguerite Henry 荣获银奖 | *Misty of Chincoteague*《辛可提岛的迷雾》 |
| 1949 年 | Marguerite Henry 荣获金奖 | *King of the Wind*《风之王》 |
| | Ruth Stiles Gannett 荣获银奖 | *My Father's Dragon*《我爸爸的小飞龙》 |
| 1950 年 | Marguerite De Angeli 荣获金奖 | *The Door in the Wall*《墙上的门》 |
| | Catherine C. Coblentz 荣获银奖 | *Blue Cat of Castle Town*《城堡镇的蓝猫》 |

续表

| 获奖年份 | 作家及获奖情况 | 获奖书目 |
|---|---|---|
| 1951 年 | Elizabeth Yates 荣获金奖 | *Amos Fortune, Free Man*《自由人》 |
| | Anne Parrish 荣获银奖 | *The Story of Appleby Capple*《阿普尔比·卡珀的故事》 |
| 1952 年 | Eleanor Estes 荣获金奖 | *Ginger Pye*《派伊家的金吉儿》 |
| | Nicholas Kalashnikoff 荣获银奖 | *The Defender*《守卫者》 |
| 1953 年 | Ann Nolan Clark 荣获金奖 | *Secret of the Andes*《安第斯山脉的秘密》 |
| | E. B. White 荣获银奖 | *Charlotte's Web*《夏洛的网》 |
| 1954 年 | Joseph Krumgold / Charlot Jean 荣获金奖 | *...And Now Miguel*《……现在来吧，米格尔》 |
| | Meindert Dejong 荣获银奖 | *Shadrach*《小兔沙得拉》 |
| 1955 年 | Meindert DeJong 荣获金奖 | *The Wheel on the School*《学校屋顶上的轮子》 |
| | Alice Dalgliesh / Leonard Weisgard 荣获银奖 | *The Courage of Sarah Noble*《莎拉的勇气》 |
| 1956 年 | Jean Lee Latham 荣获金奖 | *Carry On, Mr. Bowditch*《加油，波蒂奇先生》 |
| | Marjorie Kinnan Rawlings / 荣获银奖 | *The Secret River*《神秘河》 |
| 1957 年 | Sorensen Virginia 荣获金奖 | *Miracles on Maple Hill*《枫木丘的奇迹》 |
| | Meindert Dejong 荣获银奖 | *The House of Sixty Fathers*《六十个老爸的房子》 |
| 1958 年 | Harold Keith 荣获金奖 | *Rifles for Watie*《给威蒂的枪》 |
| | Robert Lawson 荣获银奖 | *The Great Wheel*《巨轮》 |
| 1959 年 | Elizabeth George Speare 荣获金奖 | *The Witch of Blackbird Pond*《黑鸟水塘的女巫》 |
| | Natalie Savage Carlson 荣获银奖 | *The Family Under the Bridge*《桥下一家人》 |

| 获奖年份 | 作家及获奖情况 | 获奖书目 |
|---|---|---|
| 1960 年 | Joseph Krumgold 荣获金奖 | *Onion John*《洋葱约翰》 |
| | Jean Craighead George 荣获银奖 | *My Side of the Mountain*《山居岁月》 |
| 1961 年 | Scott O'Dell 荣获金奖 | *Island of the Blue Dolphins*《蓝色的海豚岛》 |
| | George Selden 荣获银奖 | *The Cricket in Times Square*《时代广场的蟋蟀》 |
| 1962 | Elizabeth George Speare 荣获金奖 | *The Bronze Bow*《青铜弓》 |
| | Mary Stolz 荣获银奖 | *Belling The Tiger*《给老虎戴铃铛》 |
| 1963 年 | Madeleine L'Engle 荣获金奖 | *A Wrinkle in Time*《时间的皱纹》 |
| | Sorche Nic Leodhas 荣获银奖 | *Thistle and Thyme:Tales and Legends from Scotland*《蓟草和百里香》 |
| 1964 年 | Emily Cheney Neville 荣获金奖 | *It's Like This, Cat*《猫咪就是猫咪》 |
| | Sterling North 荣获银奖 | *Rascal*《淘气小浣熊》 |
| 1965 年 | Maia Wojciechowska 荣获金奖 | *Shadow of A Bull*《公牛的阴影》 |
| 1966 年 | Elizabeth Borton de Trevino 荣获金奖 | *I, Juan de Pareja*《我，胡安·德·朴瑞哈》 |
| | Randall Jarrell 荣获银奖 | The Animal Family《动物之家》 |
| 1967 年 | Irene Hunt 荣获金奖 | Up a Road Slowly《在路上漫步》 |
| | Scott O'Dell 荣获银奖 | The King's Fifth《国王的五分之一》 |
| 1968 年 | E. L. Konigsburg 荣获金奖 | From the Mixed-Up Files of Mrs. Basil E. Frankweiler《天使雕像》 |
| | E. L. Konigsburg 荣获银奖 | Jennifer, Hecate, Macbeth, William McKinley, and Me, Elizabeth《小巫婆求仙记》 |

续表

| 获奖年份 | 作家及获奖情况 | 获奖书目 |
|---|---|---|
| 1969 年 | Lloyd Alexander 荣获金奖 | The High King《高大的国王》 |
| | Julius Lester 荣获银奖 | To Be a Slave《成为奴隶》 |
| 1970 年 | William H. Armstrong 荣获金奖 | Sounder《大嗓门传奇》 |
| | Mary Q.Steele 荣获银奖 | Journey Outside《外出旅行》 |
| 1971 年 | Betsy Byars 荣获金奖 | Summer of the Swans《夏日天鹅》 |
| | Natalie Babbitt 荣获银奖 | Knee-Knock Rise《尼瑙克山探险》 |
| 1972 年 | Robert C. O'Brien 荣获金奖 | Mrs. Frisby and the Rats of NIMH《弗里斯比太太和尼姆的老鼠》 |
| | Ursula K. Le Guin 荣获银奖 | The Tombs of Atuan《地海古墓》 |
| 1973 年 | Jean Craighead George 荣获金奖 | Julie of the Wolves《狼群中的朱莉》 |
| | Arnold Lobel 荣获银奖 | Frog and Toad Together《青蛙和蟾蜍在一起》 |
| 1974 年 | Paula Fox 荣获金奖 | The Slave Dancer《跳舞的奴隶》 |
| | Susan Cooper 荣获银奖 | The Dark Is Rising《黑暗崛起》 |
| 1975 年 | Virginia Hamilton 荣获金奖 | M. C. Higgins, the Great《了不起的 M.C. 希金斯》 |
| | Bette Greene 荣获银奖 | Philip Hall Likes Me, I Reckon Maybe《贝丝丫头》 |
| 1976 年 | Susan Cooper 荣获银奖 | The Grey King《灰国王》 |
| | Bell Sharon Mathis 荣获银奖 | The Hundred Penny Box《一百便士的盒子》 |
| 1977 年 | Mildred D. Taylor 荣获金奖 | Roll of Thunder, Hear My Cry《黑色棉花田》 |
| | William Steig 荣获银奖 | Abel's Island《真正的贼：老鼠阿贝漂流记》 |

续表

| 获奖年份 | 作家及获奖情况 | 获奖书目 |
|---|---|---|
| 1978 年 | Katherine Paterson 荣获金奖 | *Bridge to Terabithia*《仙境之桥》 |
| | Beverly Cleary 荣获银奖 | *Ramona and Her Father*《雷梦拉与爸爸》 |
| 1979 年 | Ellen Raskin 荣获金奖 | *The Westing Game*《威斯汀游戏》 |
| | Katherine Paterson 荣获银奖 | *The Great Gilly Hopkins*《养女基里》 |
| 1980 年 | Joan W. Blos 荣获金奖 | *A Gathering of Days: A New England Girl's Journey*《日子的聚会：一个新英格兰女孩的日记》 |
| | Kherdian David 荣获银奖 | *The Road from Home: The Story of An American Girl*《离家的路》 |
| 1981 年 | Katherine Paterson 荣获金奖 | *Jacob Have I Loved*《孪生姐妹》 |
| | Jane Langton 荣获银奖 | *The Fledgling*《想飞的乔琪》 |
| 1982 年 | Willard Nancy 荣获金奖 | *A Visit to William Blake's Inn: Poems for Innocent and Experienced Travelers*《威廉·布莱克旅店的一次访问：写给天真和老成的旅人们的诗》 |
| | Beverly Cleary 荣获银奖 | *Ramona Quimby, Age 8*《雷梦拉八岁》 |
| 1983 年 | Cynthia Voigt 荣获金奖 | *Dicey's Song*《黛西之歌》 |
| | William Steig 荣获银奖 | *Doctor De Soto*《老鼠牙医生》 |
| 1984 年 | Beverly Cleary 荣获金奖 | *Dear Mr. Henshaw*《亲爱的汉修先生》 |
| | Elizabeth George Speare 荣获银奖 | *The Sign of the Beaver*《海狸的记号》 |
| 1985 年 | Robin McKinley 荣获金奖 | *The Hero and the Crown*《英雄和桂冠》 |
| | Paula Fox 荣获银奖 | *One-Eyed Cat*《一只眼睛的猫》 |

续表

| 获奖年份 | 作家及获奖情况 | 获奖书目 |
|---|---|---|
| 1986 年 | Patricia Maclachlan 荣获金奖 | *Sarah, Plain and Tall*《又丑又高的莎拉》 |
| | Gary Paulsen 荣获银奖 | *Dogsong*《雪橇犬之歌》 |
| 1987 年 | Sid Fleischman 荣获金奖 | *The Whipping Boy*《挨鞭僮》 |
| | Marion Dane Bauer 荣获银奖 | *On My Honor*《出事的那一天》 |
| 1988 年 | Russell Freedman 荣获金奖 | *Lincoln: A photobiography*《林肯：一部传记画册》 |
| | Cary Paulsen 荣获银奖 | *Hatchet*《手斧男孩》 |
| 1989 年 | Paul Fleischman 荣获金奖 | *Joyful Noise: Poems for Two Voices*《快乐的喧嚣：两个声音一起读的诗》 |
| | Virginia Hamilton 荣获银奖 | *In the Beginning: Creation Stories from Around the World*《开始》 |
| 1990 年 | Lois Lowry 荣获金奖 | *Number the Stars*《数星星》 |
| | Janet Taylor Lisle 荣获银奖 | *Afternoon of the Elves*《精灵的下午》 |
| 1991 年 | Jerry Spinelli 荣获金奖 | *Maniac Magee*《疯狂麦基》 |
| | Avi 荣获银奖 | *The True Confessions of Charlotte Doyle*《女水手日记》 |
| 1992 年 | Phyllis Reynolds Naylor 荣获金奖 | *Shiloh*《喜乐与我》 |
| | Avi 荣获银奖 | *Nothing but the Truth*《真理至上》 |
| 1993 年 | Cynthia Rylant 荣获金奖 | *Missing May*《想念梅姨》 |
| | Bruce Brooks 荣获银奖 | *What Hearts*《阿萨的心事》 |
| 1994 年 | Lois Lowry 荣获金奖 | *The Giver*《记忆传授人》 |
| | Jane Leslie Conly 荣获银奖 | *Crazy Lady*《谁知我心》 |
| 1995 年 | Sharon Creech 荣获金奖 | *Walk Two Moons*《印第安人的麂皮靴》 |
| | Nancy Farmer 荣获银奖 | *The Ear, the Eye and the Arm*《耳朵、眼睛和胳膊》 |

续表

| 获奖年份 | 作家及获奖情况 | 获奖书目 |
|---|---|---|
| 1996 年 | Karen Cushman 荣获金奖 | *The Midwife's Apprentice* 《孤女流浪记》 |
| | Carolyn Coman 荣获银奖 | *What Jamie Saw* 《杰米的魔术》 |
| 1997 年 | E. L. Konigsburg 荣获金奖 | *The View from Saturday* 《相约星期六》 |
| | Ruth White 荣获银奖 | *Belle Prater's Boy* 《爱的故事》 |
| 1998 年 | Karen Hesse 荣获金奖 | *Out of the Dust* 《风儿不要来》 |
| | Gail Carson Levine 荣获银奖 | *Ella Enchanted* 《魔法灰姑娘》 |
| 1999 年 | Louis Sachar 荣获金奖 | *Holes* 《洞》 |
| | Richard Peck 荣获银奖 | *A Long Way from Chicago* 《远离芝加哥的地方》 |
| 2000 年 | Christopher Paul Curtis 荣获金奖 | *Bud, not Buddy* 《我叫巴德，不叫巴弟》 |
| | Audrey Couloumbis 荣获银奖 | *Getting Near to Baby* 《屋顶上的小孩》 |
| 2001 年 | Richard Peck 荣获金奖 | *A Year Down Yonder* 《背井离乡的 365 天》 |
| | Kate DiCamillo 荣获银奖 | *Because of Winn-Dixie* 《傻狗温迪克》 |
| 2002 年 | Linda Sue Park 荣获金奖 | *A Single Shard* 《碎瓷片》 |
| | Polly Horvath 荣获银奖 | *Everything on a Waffle* 《松饼屋的异想世界》 |
| 2003 年 | Avi 荣获金奖 | *Crispin: The Cross of Lead* 《铅十字架的秘密》 |
| | Nancy Farmer 荣获银奖 | *The House of the Scorpion* 《蝎子之屋》 |
| 2004 年 | Kate DiCamillo 荣获金奖 | *The Tale of Despereaux* 《浪漫鼠德佩罗》 |
| | Kevin Henkes 荣获银奖 | *Olive's Ocean* 《奥莉芙的海洋》 |
| 2005 年 | Cynthia Kadohata 荣获金奖 | *Kira-Kira* 《亮晶晶》 |
| | Gennifer Choldenko 荣获银奖 | *Al Capone Does My Shirts* 《卡彭老大帮我洗衬衫》 |

续表

| 获奖年份 | 作家及获奖情况 | 获奖书目 |
|---|---|---|
| 2006 年 | Lynne Rae Perkins 荣获金奖 | *Criss Cross*《生命交叉点》 |
| | Alan Armstrong 荣获银奖 | Whittington《惠灵顿传奇》 |
| 2007 年 | Susan Patron 荣获金奖 | *The Higher Power of Lucky*《乐琦的神奇力量》 |
| | Kirby Larson 荣获银奖 | *Hattie Big Sky*《海蒂的天空》 |
| 2008 年 | Laura Amy Schlitz 荣获金奖 | *Good Masters! Sweet Ladies!: Voices from a Medieval Village*《好心的大爷！帮帮忙！》 |
| | Jacqueline Woodson 荣获银奖 | *Feathers*《羽毛》 |
| 2009 年 | Neil Gaiman 荣获金奖 | *The Graveyard Book*《坟场之书》 |
| | Kathi Appelt 荣获银奖 | *The Underneath*《木屋下的守护者》 |
| 2010 年 | Rebecca Stead 荣获金奖 | *When You Reach Me*《当你到达我》 |
| | Jacqueline Kelly 荣获银奖 | *The Evolution of Calpurnia Tate*《女孩的进化史》 |
| 2011 年 | Clare Vanderpool 荣获金奖 | *Moon Over Manifest*《阿比琳的夏天》 |
| | Jennifer L. Holm 荣获银奖 | *Turtle in Paradise*《天堂里的海龟》 |
| 2012 年 | Jack Gantos 荣获金奖 | *Dead End in Norvelt*《诺福镇的奇幻夏天》 |
| | Eugene Yelchin 荣获银奖 | *Breaking Stalin's Nose*《打断斯大林的鼻子》 |
| 2013 年 | Katherine Applegate 荣获金奖 | *The One and Only Iván*《独一无二的伊万》 |
| | Turnage Sheila 荣获银奖 | *Three Times Lucky*《从天而降的幸运》 |
| 2014 年 | Kate DiCamillo 荣获金奖 | *Flora and Ulysses: The Illuminated Adventures*《植物和尤利西斯》 |
| | Kevin Henkes 荣获银奖 | *The Year of Billy Miller*《这年的比利·米勒》 |

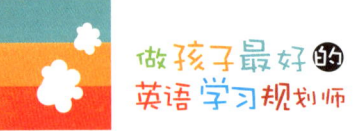

# 附录三   词汇表

## 词汇附表一   孩子应该记住，一看就能读的常用英文单词
### ——sight words

Sight Words 是一组英文常用字。在教科书、一般图书、报纸、杂志里所用的字中，大概有50% - 70% 的字是由这些常用字所组成的。而如果每个孩子拿起任何一本读物都必须用自然拼读来解读那些字，负担未免太重了。美国学者 E.W.Dolch 在经过深入研究后列出了这一组常用字来，让孩子学习。学到一看( sight = see ) 到这些字就能读出来，而不必花时间来拼读。他们只需把时间用来拼读那些不常用到的字就行了。比如，看到 the 就能马上读出来，而不需要拼读这个字。

下面的列表是美国幼儿园和小学 1 - 3 年级需要掌握的 Sight Words。

### Dolch 220 Sight Words 列表

| 启蒙级 | 预备级 | | 1 年级 | 2 年级 | 3 年级 |
|---|---|---|---|---|---|
| a | all | what | after | always | about |
| and | am | white | again | around | better |
| away | are | who | an | because | bring |
| big | at | will | any | been | carry |
| blue | ate | with | as | before | clean |
| can | be | yes | ask | best | cut |
| come | black | | by | both | done |
| down | brown | | could | buy | draw |
| find | but | | every | call | drink |
| for | came | | fly | cold | eight |
| funny | did | | from | does | fall |
| go | do | | give | don't | far |
| help | eat | | going | fast | full |
| here | four | | had | first | got |
| I | get | | has | five | grow |
| in | good | | her | found | hold |

续表

| 启蒙级 | 预备级 | 1 年级 | 2 年级 | 3 年级 |
|---|---|---|---|---|
| is | have | him | gave | hot |
| it | he | his | goes | hurt |
| little | into | how | green | if |
| look | like | jump | its | keep |
| make | must | just | made | kind |
| me | new | know | many | laugh |
| my | no | let | off | light |
| not | now | live | or | long |
| one | on | may | pull | much |
| play | our | of | read | myself |
| red | out | old | right | never |
| run | please | once | sing | only |
| said | pretty | open | sit | own |
| see | ran | over | sleep | pick |
| the | ride | put | tell | seven |
| three | saw | round | their | shall |
| to | say | some | these | show |
| two | she | stop | those | six |
| up | so | take | upon | small |
| we | soon | thank | us | start |
| where | that | them | use | ten |
| yellow | there | then | very | today |
| you | they | think | wash | together |
|  | this | walk | which | try |
|  | too | warm | why |  |
|  | under | were | wish |  |
|  | want | when | work |  |
|  | was |  | would |  |
|  | well |  | write |  |
|  | went |  | your |  |

## 词汇附表二　测测孩子的阅读水平相当于美国几年级
### ——圣迭戈阅读能力快速测试

如果想查询自己孩子的阅读水平相当于美国小学几年级水平，可以用圣迭戈阅读能力快速测试法（San Diego Quick Assessment）的词表来检验。这个测试表一共有13个词汇列表，按幼儿园至高二年级划分。每个列表中有10个单词。让孩子读单词，如果10个词中只读错1个，代表孩子能自主阅读该年级的图书；读错2个，表明孩子需要教师指导才能读该年级的图书；读错3个以上，表明孩子还不能读该年级的图书。

### 圣迭戈快递阅读能力测试记录表

| 启蒙级 | | 预备级 | | 1 年级 | | 2 年级 | | 3 年级 | |
|---|---|---|---|---|---|---|---|---|---|
| see | | you | | road | | our | | city | |
| play | | come | | live | | please | | middle | |
| me | | not | | thank | | myself | | moment | |
| at | | with | | when | | town | | frightened | |
| run | | jump | | bigger | | early | | exclaimed | |
| go | | help | | how | | send | | several | |
| and | | is | | always | | wide | | lonely | |
| look | | work | | night | | believe | | drew | |
| can | | are | | spring | | quietly | | since | |
| here | | this | | today | | carefully | | straight | |

| 4 年级 | | 5 年级 | | 6 年级 | | 7 年级 | |
|---|---|---|---|---|---|---|---|
| decided | | scanty | | bridge | | amber | |
| served | | business | | commercial | | dominion | |
| amazed | | develop | | abolish | | sundry | |
| silent | | considered | | trucker | | capillary | |
| wrecked | | discussed | | apparatus | | impetuous | |
| improved | | behaved | | elementary | | blight | |

| certainly | | splendid | | comment | | wrest | |
| entered | | acquainted | | necessity | | enumerate | |
| realized | | escaped | | gallery | | daunted | |
| interrupted | | grim | | relativity | | condescend | |

| 8 年级 | | 9 年级 | | 10 年级 | | 11 年级 | |
|---|---|---|---|---|---|---|---|
| capacious | | conscientious | | zany | | galore | |
| limitation | | isolation | | jerkin | | rotunda | |
| pretext | | molecule | | nausea | | capitalism | |
| intrigue | | ritual | | gratuitous | | prevaricate | |
| delusion | | momentous | | linear | | visible | |
| immaculate | | vulnerable | | inept | | exonerate | |
| ascent | | kinship | | legality | | superannuate | |
| acrid | | conservatism | | aspen | | luxuriate | |
| binocular | | jaunty | | amnesty | | piebald | |
| embankment | | inventive | | barometer | | crunch | |

## 词汇附表三　如何估算孩子的词汇量达到几千词——14 thousand 工具

利用语言学家 Paul Nation 开发的 14 thousand 工具，可以统计孩子的词汇量。该工具是基于语料库和词频统计的，一个词可以代表 100 个词，而且是 word family，不是单个的词。word family 指一个基础词的各种变化，比如一个动词，它的过去时、过去分词、现在分词、加 -tion 词缀变成名词，加 -ful 词缀变成形容词等等，所有这些变化，算成一个 word family，而不是计算成单个的单词。所以说，以 word family 计数的词汇测试，算出来以后，都会觉得挺少的。如果每个单词只要不一样就算一个词，那会翻倍。比如说，前 1000 个最常用的单词 word family，其实有 4000 不同形式。

我曾为 3 年级的 Gary 测试了词汇量，他认读 55 个，也就是说，他的阅读词汇量是 5500 词。我觉得很准确。

## 词汇量测试

### First 1000

1. see: They **saw** it.

   a. 切

   b. 等待

   c. 看

   d. 开始

2. time: They have a lot of **time**.

   a. 钱

   b. 食物

   c. 时间

   d. 朋友

3. period: It was a difficult **period**.

   a. 问题

   b. 时期

   c. 要做的事情

   d. 书

4. figure: Is this the right **figure**?

   a. 答案

   b. 地方

   c. 时间

   d. 号码

5. poor: We are **poor.**

 a. 贫穷的

 b. 感到幸福的

 c. 很感兴趣的

 d. 不喜欢努力工作的

6. drive: He **drives** fast.

 a. 游泳

 b. 学习

 c. 扔球

 d. 开车

7. jump: She tried to **jump**.

 a. 漂浮

 b. 跳

 c. 停车

 d. 跑

8. shoe: Where is your **shoe**?

 a. 父或母

 b. 钱包

 c. 钢笔

 d. 鞋子

9. standard: Her **standards** are very high.

 a. 后跟

 b. 分数

 c. 要价

 d. 标准

10. basis: I don't understand the **basis**.

 a. 原因

 b. 话

 c. 路标

 d. 中心议题

## Second 1000

1. maintain: Can they **maintain** it?

 a. 维持

 b. 扩大

 c. 改善

 d. 得到

2. stone: He sat on a **stone**.

 a. 石头

 b. 凳子

 c. 垫子

 d. 树枝

3. upset: I am **upset**.

 a. 疲倦的

 b. 著名的

 c. 富足的

 d. 不高兴的

4. drawer: The **drawer** was empty.

 a. 抽屉

 b. 车库

 c. 冰箱

 d. 鸟笼

5. patience: He **has no patience.**

   a. 没有耐心

   b. 很忙

   c. 没有信心

   d. 不公正

6. nil: His mark for that question was **nil**.

   a. 很差的

   b. 什么也没有的

   c. 很好的

   d. 中等的

7. pub: They went to the **pub**.

   a. 酒吧

   b. 银行

   c. 商场

   d. 游泳池

8. circle: Make a **circle**.

   a. 素描

   b. 空白

   c. 圆圈

   d. 大洞

9. microphone: Please use the **microphone**.

   a. 微波炉

   b. 麦克风

   c. 显微镜

   d. 手机

10. pro: He's a **pro.**

   a. 间谍

   b. 傻瓜

   c. 记者

   d. 职业运动员

## Third 1000

1. soldier: He is a **soldier.**

   a. 商人

   b. 学生

   c. 金属工艺制造者

   d. 士兵

2. restore: It has been **restored**.

   a. 重复

   b. 重新分配

   c. 降价

   d. 复原

3. jug: He was holding a **jug**.

   a. 罐子

   b. 聊天

   c. 贝雷帽

   d. 枪

4. scrub: He is **scrubbing** it.

   a. 抓

   b. 修理

   c. 刷洗

   d. 作素描

5. dinosaur: The children were pretending to be **dinosaurs**.

a. 海盗

b. 仙女

c. 龙

d. 恐龙

6. strap: He broke the **strap**.

a. 诺言

b. 盖子

c. 盘子

d. 带子

7. pave: It was **paved**.

a. 堵塞

b. 分开

c. 镶金边

d. 铺路

8. dash: They **dashed** over it.

a. 猛冲

b. 磨蹭

c. 争吵

d. 瞥见

9. rove: He couldn't stop **roving**.

a. 喝醉

b. 漂泊

c. 哼曲子

d. 努力工作

10. lonesome: He felt **lonesome**.

a. 不领情的

b. 疲倦的

c. 孤独的

d. 精力充沛的

## Fourth 1000

1. compound: They made a new **compound**.

a. 协议

b. 复合物

c. 公司

d. 预言

2. latter: I agree with the **latter**.

a. 牧师

b. 理由

c. 后者

d. 答案

3. candid: Please be **candid**.

a. 小心的

b. 表示同情的

c. 公平的

d. 直率的

4. tummy: Look at my **tummy**.

a. 围巾

b. 肚子

c. 松鼠

d. 拇指

5. quiz: We made a **quiz.**

  a. 箭筒

  b. 错误

  c. 竞赛

  d. 鸟巢

6. input: We need more **input**.

  a. 输入

  b. 工人

  c. 填料

  d. 钱

7. crab: Do you like **crabs**?

  a. 蟹

  b. 薄脆饼干

  c. 又紧又硬的领子

  d. 蟋蟀

8. vocabulary: You will need more **vocabulary**.

  a. 词汇

  b. 技巧

  c. 钱

  d. 枪

9. remedy: We found a good **remedy**.

  a. 矫正问题的方法

  b. 餐馆

  c. 食谱

  d. 等式

10. allege: They **alleged i**t.

  a. 辩解

  b. 剽窃

  c. 证明

  d. 反抗

## Fifth 1000

1. deficit: The company **had a large deficit**.

  a. 出现赤字

  b. 贬值

  c. 有这笔大开销的计划

  d. 在银行里有很多存款

2. weep: He **wept**.

  a. 毕业

  b. 哭

  c. 死

  d. 担心

3. nun: We saw a **nun**.

  a. 蠕虫

  b. 事故

  c. 修女

  d. 天空中无法解释的亮光

4. haunt: The house is **haunted**.

  a. 充满了装饰物

  b. 已被出租

  c. 空的

  d. 闹鬼

5. compost: We need some **compost**.

    a. 大力支持

    b. 扶持

    c. 混凝土

    d. 堆肥

7. miniature: It is a **miniature**.

    a. 微型画

    b. 显微镜

    c. 微生物

    d. 书法中把字母连在一起的细小连线

9. fracture: They found a **fracture**.

    a. 裂口

    b. 碎片

    c. 夹克衫

    d. 稀有的宝石

## Sixth 1000

1. devious: Your plans are **devious**.

    a. 诡计多端的

    b. 成熟的

    c. 考虑不周详的

    d. 过于昂贵的

3. butler: They have a **butler**.

    a. 男管家

    b. 锯

    c. 家庭教师

    d. 地窖

6. cube: I need one more **cube**.

    a. 大头针

    b. 立方体

    c. 缸子

    d. 卡片

8. peel: Shall I **peel** it?

    a. 浸泡

    b. 削皮

    c. 烫洗

    d. 切成薄片

10. bacterium: They didn't find a single **bacterium**.

    a. 细菌

    b. 开有红色或橘黄色花的植物

    c. 骆驼

    d. 赃物

2. premier: The **premier** spoke for an hour.

    a. 律师

    b. 讲师

    c. 冒险家

    d. 总理

4. accessory: They gave us some **accessories**.

    a. 签证

    b. 官方命令

    c. 选择

    d. 额外的零件

5. threshold: They raised the **threshold**.

  a. 旗子

  b. 门槛

  c. 天花板

  d. 利息

6. thesis: She has completed her **thesis**.

  a. 论文

  b. 归纳证词

  c. 试用期

  d. 延期治疗

7. strangle: He **strangled** her.

  a. 掐死

  b. 宠坏

  c. 绑架

  d. 赞美

8. cavalier: He treated her in a **cavalier** manner.

  a. 慢待的

  b. 礼貌的

  c. 尴尬的

  d. 兄长的

9. malign: His **malign** influence is still felt.

  a. 邪恶的

  b. 好的

  c. 非常重要的

  d. 秘密的

10. veer: The car **veered**.

  a. 改变方向或路线

  b. 剧烈晃动

  c. 发生逆火引起爆鸣

  d. 打滑

## Seventh 1000

1. olive: We bought **olives**.

  a. 橄榄

  b. 康乃馨

  c. 男人的游泳衣

  d. 清除杂草的工具

2. quilt: They made a **quilt**.

  a. 遗嘱

  b. 合同

  c. 被子

  d. 羽毛笔

3. stealth: They did it by **stealth**.

  a. 花费大量的钱

  b. 逼迫

  c. 悄悄的或秘密的行动

  d. 没有注意到所遇到的问题

4. shudder: The boy **shuddered**.

  a. 低语

  b. 差点摔倒

  c. 发抖

  d. 大声叫喊

5. bristle: The **bristles** are too hard.

  a. 问题

  b. 短而硬的毛发

  c. 折叠床

  d. 鞋底

7. demography: This book is about **demography**.

  a. 土地使用模式研究

  b. 用图片表示数字事实的研究

  c. 水文学

  d. 人口学

9. azalea: This **azalea** is very pretty.

  a. 杜鹃花

  b. 由天然棉所制成的很轻的材料

  c. 莎丽

  d. 扇贝

## Eighth 1000

1. erratic: He was **erratic**.

  a. 完美的

  b. 很坏的

  c. 很有礼貌的

  d. 不可靠的

3. null: His influence **was null**.

  a. 具有好的结果

  b. 毫无帮助的

  c. 没有效果的

  d. 持久的

6. bloc: They have joined this **bloc**.

  a. 乐队

  b. 小偷帮

  c. 侦察员

  d. 集团

8. gimmick: That's a good **gimmick**.

  a. 高空作业时所站的东西

  b. 钱包

  c. 引人注意的行为或事物

  d. 花招

10. yoghurt: This **yoghurt** is disgusting.

  a. 淤泥

  b. 伤口

  c. 酸奶

  d. 楹桴

2. palette: He lost his **palette**.

  a. 装鱼的篮子

  b. 胃口

  c. 年轻的女伴

  d. 调色板

4. kindergarten: This is a good **kindergarten**.

  a. 消遣

  b. 幼儿园

  c. 背包

  d. 图书馆

5. eclipse: There was an **eclipse**.

   a. 飓风

   b. 泼溅

   c. 大屠杀

   d. 日食

6. marrow: This is the **marrow**.

   a. 吉祥物

   b. 骨髓

   c. 操纵杆

   d. 增加工资

7. locust: There were hundreds of **locusts**.

   a. 飞蝗

   b. 志愿者

   c. 素食者

   d. 颜色鲜艳的野花

8. authentic: It is **authentic**.

   a. 真的

   b. 非常吵闹的

   c. 老的

   d. 干旱的

9. cabaret: We saw the **cabaret**.

   a. 壁画

   b. 卡巴莱

   c. 蟑螂

   d. 美人鱼

10. mumble: He started to **mumble**.

   a. 集中精力

   b. 颤抖

   c. 远远地落后于其他人

   d. 咕哝

## Ninth 1000

1. hallmark: Does it have a **hallmark**?

   a. 表明什么时候之前应该被使用的印记

   b. 纯度印记

   c. 表明经过皇室同意的标记

   d. 禁止复制的标记

2. puritan: He is a **puritan**.

   a. 喜欢被人注意的人

   b. 具有严格道德标准的人

   c. 吉普赛人

   d. 守财奴

3. monologue: Now he has a **monologue**.

   a. 单眼镜

   b. 独白

   c. 专制

   d. 把字母有趣地连在一起的图画

4. weir: We looked at the **weir**.

   a. 行为古怪的人

   b. 红树属植物

   c. 通过吹来演奏的古老金属乐器

   d. 拦河坝

5. whim: He had lots of **whims**.

   a. 古老的金币

   b. 母马

   c. 没有任何动机的奇异想法

   d. 疼痛的红肿块

7. regent: They chose a **regent**.

   a. 不负责任的人

   b. 暂时主持会议的人

   c. 摄政者

   d. 代表

9. fen: The story is set in the **fens**.

   a. 沼泽

   b. 山地

   c. 贫民窟

   d. 很久以前

6. perturb: I was **perturbed**.

   a. 被迫同意的

   b. 烦恼的

   c. 困惑的

   d. 湿透的

8. octopus: They saw an **octopus**.

   a. 猫头鹰

   b. 潜水艇

   c. 直升飞机

   d. 章鱼

10. lintel: He painted the **lintel**.

   a. 过梁

   b. 渡船

   c. 长有伸展树枝和绿色果实的美丽的树

   d. 戏院中显示场景的板子

## Tenth 1000

1. awe: They looked at the mountain

  with **awe**.

   a. 担心

   b. 兴趣

   c. 惊奇

   d. 尊重

3. egalitarian: This organization is

  very **egalitarian.**

   a. 保密的

   b. 保守的

   c. 诉讼的

   d. 平等主义的

2. peasantry: He did a lot for the **peasantry**.

   a. 当地人

   b. 寺庙

   c. 商人俱乐部

   d. 农民

4. mystique: He has lost his **mystique**.

   a. 体格

   b. 神秘性

   c. 情人

   d. 胡子

5. upbeat: I'm feeling really **upbeat** about it.

    a. 苦恼的

    b. 乐观的

    c. 受伤害的

    d. 迷惑的

6. cranny: We found it in the **cranny**!

    a. 旧杂物义卖

    b. 小洞

    c. 阁楼

    d. 大箱子

7. pigtail: Does she have a **pigtail**?

    a. 辫子

    b. 长的衣、袍、裙等拖在地上的部分

    c. 开有一串下垂浅粉色花的植物

    d. 情人

8. crowbar: He used a **crowbar**.

    a. 撬棍

    b. 化名

    c. 锥子

    d. 轻的金属拐杖

9. ruck: He got hurt in the **ruck**.

    a. 骨盆

    b. 打架

    c. （运动员或竞赛者等的）散乱一群

    d. 在雪地上奔跑

10. lectern: He stood at the **lectern**.

    a. 讲台

    b. 圣餐桌

    c. 酒吧

    d. 边缘

## Eleventh 1000

1. excrete: This was **excreted** recently.

    a. 排泄

    b. 澄清

    c. 调查

    d. 被列入不合法的事情之中

2. mussel: They bought **mussels**.

    a. 玻璃弹球

    b. 贻贝

    c. 槟榔

    d. 纸巾

3. yoga: She has started **yoga**.

    a. 粗绳结的饰物

    b. 瑜伽

    c. 羽毛球

    d. 东方国家的一种舞蹈

4. counterclaim: They made a **counterclaim**.

    a. 在法律案件中一方所提出的诉求和另一方的诉求相同

    b. 要求商店收回有瑕疵的东西

    c. 两个公司之间交换工作的合同

    d. 被子

5. puma: They saw a **puma**.

    a. 由坯建成的小房子

    b. 来自炎热而干旱国家的树

    c. 飓风

    d. 美洲狮

6. pallor: His **pallor** caused them concern.

    a. 非正常的高温

    b. 对一切都毫无兴趣

    c. 一帮朋友

    d. 苍白的皮肤

7. aperitif: She had an **aperitif**.

    a. 躺椅

    b. 家庭教师

    c. 带有很高羽毛的大帽子

    d. 开胃酒

8. hutch: Please clean the **hutch**.

    a. 隔板

    b. 行李箱

    c. 轮毂

    d. 兔笼

9. emir: We saw the **emir**.

    a. 尾巴上长有两个长长卷曲羽毛的鸟

    b. 奶妈

    c. 埃米尔（对穆斯林统治者的尊称）

    d.（爱斯基摩人用坚硬雪块砌成的临时栖身用的）拱形圆顶小屋

10. hessian: She bought some **hessian**.

    a. 光泽油亮略呈粉红色的鱼

    b. 大麻

    c. 一种结实的粗麻布

    d. 用来给食物调味的味道浓烈的根状物

## Twelfth 1000

1. haze: We looked through the **haze**.

    a. 舷窗

    b. 薄雾

    c. 窗帘

    d. 花名册

2. spleen: His **spleen** was damaged.

    a. 膝盖骨

    b. 脾脏

    c. 下水管

    d. 自尊

3. soliloquy: That was an excellent **soliloquy!**

    a. 六个人唱的歌曲

    b. 修饰词或描述性词语

    c. 带有灯光和音乐的娱乐

    d. 独白

4. reptile: She looked at the **reptile**.

    a. 手稿

    b. 爬行动物

    c. 挨家兜售货物的人

    d. 水粉画

5. alum: This contains **alum**.

   a. 取自一种普通植物的有毒物质

   b. 一种由人造棉所制成的柔软材料

   c. 鼻烟

   d. 白矾

6. refectory: We met in the **refectory**.

   a. 食堂

   b. 签署法律文件的办公室

   c. 宿舍

   d. 温室

7. caffeine: This contains a lot of **caffeine**.

   a. 一种让人瞌睡的物质

   b. 由坚韧树叶织成的线状物

   c. 错误的观点

   d. 咖啡因

8. impale: He nearly got **impaled**.

   a. 控告

   b. 监禁

   c. 被尖物刺中

   d. 陷入争论之中

9. coven: She is the leader of a **coven**.

   a. 合唱队

   b. 集体企业

   c. 秘密组织

   d. 一群生活在教堂里过着严格宗教生活的女人

10. trill: He practised the **trill**.

   a. 颤音

   b. 小提琴

   c. 投球

   d. （芭蕾舞者的）单足旋转

## Thirteenth 1000

1. ubiquitous: Many weeds are **ubiquitous**.

   a. 很难铲除的

   b. 长有又长又壮根的

   c. 在大部分国家都能够被发现的

   d. 在冬天枯竭的

2. talon: Just look at those **talons**!

   a. 山顶

   b. 爪

   c. 盔甲

   d. 傻瓜

3. rouble: He had a lot of **roubles**.

   a. 红宝石

   b. 亲戚

   c. 卢布

   d. 心中的道德或者其他难题

4. jovial: He was very **jovial**.

   a. 社会地位低下的

   b. 总爱批评人的

   c. 很幽默的

   d. 很友好的

5. communiqué: I saw their **communiqué**.

   a. 对一个机构的批评报告

   b. 属于社区成员的花园

   c. 用于做广告的印刷材料

   d. 官方通告

7. skylark: We watched a **skylark**.

   a. 飞行表演

   b. 人造卫星

   c. 表演魔术的人

   d. 一边鸣叫一边飞得很高的小鸟

9. atoll: The **atoll** was beautiful.

   a. 环状珊瑚岛

   b. 用细线织成图画的艺术品

   c. 女人晚上所佩带的镶嵌有宝石的小
      皇冠

   d. 河水流过大石间的缝隙

6. plankton: We saw a lot of **plankton**.

   a. 毒性传播很快的杂草

   b. 生活在水中的很小的植物或动物

   c. 坚硬木质的树木

   d. 容易导致土地滑坡的灰色泥土

8. beagle: He owns two **beagles**.

   a. 车顶能够收起来的跑得很快的车

   b. 能够快速射中很多人的枪

   c. 长有长长耳朵的小狗

   d. 建在度假胜地的房子

10. didactic: The story is very **didactic**.

   a. 说教的

   b. 难以置信的

   c. 令人兴奋的

   d. 令读者琢磨不透的

## Fourteenth 1000

1. canonical: These are **canonical** examples.

   a. 打破常规的

   b. 取自一本宗教书的

   c. 合乎原则并被广泛接受的

   d. 最近发现的

3. marsupial: It is a **marsupial**.

   a. 长有坚硬脚的动物

   b. 生长几年的一种植物

   c. 开出的花总是面向太阳的植物

   d. 有袋类动物

2. atop: He was **atop** the hill.

   a. 在 … 脚下

   b. 在 … 顶部

   c. 在这边

   d. 在那边

4. augur: It **augured** well.

   a. 预示未来的好事情

   b. 和预料的很吻合

   c. 具有一种和其他东西搭配在一起很
      漂亮的色彩

   d. 发出一种清脆而动听的声音

5. bawdy: It was very **bawdy**.

    a. 难以预料的

    b. 令人愉快的

    c. 急促的

    d. 粗鲁的

7. thesaurus: She used a **thesaurus**.

    a. 一种字典

    b. 一种化合物

    c. 一种特殊的说话方式

    d. 皮下注射

9. cordillera: They were stopped by the

    **cordillera.**

    a. 特殊的法律

    b. 装备有武器的船只

    c. 山脉

    d. 国王的长子

6. gauche: He was **gauche**.

    a. 善谈的

    b. 灵活的

    c. 尴尬的

    d. 坚决的

8. erythrocyte: It is an **erythrocyte**.

    a. 止痛的药

    b. 血液中的红色的成分

    c. 略显红色的白金属

    d. 鲸家族中的一员

10. limpid: He looked into her **limpid** eyes.

    a. 清澈的

    b. 含泪的

    c. 深棕色的

    d. 美丽的

# 附录四 壮壮（Gary）的英语学习路线图

壮壮的母语是汉语，他 5 岁开始学英语，表中记录了他 6 年半时间的英语学习成长路线。

随着壮壮英语水平的迅速提高，我对他的培养目标发展为"双语"。4 年级起，又确定了"中英双母语、齐头并进"的宏伟目标。

我记录儿子的学习，一开始只是作为妈妈的私人行为，后来由于个人兴趣还有大家的鼓励，越来越想达到一个专业的探讨二语习得路线图及其做法的高度，欢迎各位家长参与探讨。

| 年龄 | 做法（学得） | 做法（习得） | 达到的程度 |
|---|---|---|---|
| 5 岁 | | 在家给他读了 100 本简易读物，看了一些教学动画片，如巧虎的学英语系列 | 简单的听力（大约几百词）和口语水平 |
| | 送入英语幼儿园中班，学习两个月 | 看动画片《小乌龟学美语》 | 听说进步很快 |
| | 学英语 4 个月 | | 能听懂 70% 的纯英文课堂语言，能理解课堂活动 |
| | 学英语 5 个月 | | 能认读的英语单词达到了 100 个，初步掌握了自然拼读法 |
| | 学英语 6 个月 | | 看懂正常语速的全英文动画片；口语能和外教自如交流 |
| 6 岁 | 学英语 10 个月，升入幼儿园大班，老师在课堂上朗读 chapter book | 看动画片《神奇校车》，裸听简易英文故事，如《轻松英语名著》 | 自主阅读 100 本自然拼读读物；能用英文写四句话的小故事 |
| | 学英语 11 个月 | | 100% 听懂外教的授课；认读一年级 sight words 全部词汇和二年级 sight words 一半词汇 |

续表

| 年龄 | 做法（学得） | 做法（习得） | 达到的程度 |
|---|---|---|---|
| | 学英语 1 年 1 个月 | 听《典范英语》 | 自主阅读《典范英语》到第二辑 |
| | 学英语 1 年 3 个月 | | 自主阅读 Reading A-Z 系列到 Level D |
| | 学英语 1 年 4 个月 | 看动画片 Arthur，裸听 Magic Treehouse | 裸考三一口语三级，获得优秀 |
| | 学英语 1 年 7 个月 英语幼儿园毕业（共学习了 3 个学期一年半时间） | | 创作了很多小书，英语达到美国 1 年级水平 |
| | 上公立小学后，失去了英语环境，英语学习时间为每星期 2-3 次的课外班学习（中外教结合），一星期四、五个小时 | Reading A-Z 全部听了一遍，看各种动画片 | 自主阅读《典范英语》到 4B。上公立小学后，进步明显放缓，英语环境主要靠动画片 |
| 7 岁 | 学英语 2 年 4 个月 课外班 学《Let's Go》《Side by Side》教材 | 因近视放弃了动画片，开始大规模裸听章节书并记录 | 爱上了听故事 |
| | 学英语 2 年 5 个月 | 每天听一小时初级章节书，Geronimo 等 | 裸考三一口语四级，获得优秀 |
| | 学英语 2 年 8 个月 | 听章节书达到 300 本 | |
| 8 岁 | 学英语 2 年 9 个月 课外班里阅读 Science A to Z | 开始听中级章节书，Ramona 等 | 在学英语的前三年，大约共读了 1000 本分级读物 |
| | 学英语 3 年 | 开始听高级章节书，how to train your dragon 等 | 开始免修公立小学英语课，在课堂上读英文小说（初级章节书） |
| | 学英语 3 年 5 个月 | 听读章节书累计 500 本 | |
| | 学英语 3 年 4 个月 | | 裸考三一口语六级，获得良好 |
| | 学英语 3 年半 | 听读章节书累计 600 本 | 参加希望之星英语风采大赛北京决赛，获得一等奖 |
| 9 岁 | 学英语 3 年 11 个月 | 听完《哈利·波特》 | 可以裸听最高 7 年级的小说 |
| | 学英语 3 年 12 个月 | 听读章节书累计 700 本 | 写作上了一个台阶，能写比较生动的故事 |

续表

| 年龄 | 做法（学得） | 做法（习得） | 达到的程度 |
|---|---|---|---|
| | 学英语 4 年 2 个月 课外班跳级 | 听 Pendragon | 到美国小学三年级游学插班，完全能够跟上进度 |
| | 学英语 4 年 5 个月 报了 PET 考冲班 | 听纽伯瑞获奖小说 | 为所在小学的校长和美国老师对话做现场口译；测阅读词汇量为 5500 词（word family), 听力词汇量在 9000-11000；考 PET，获得 89 分，Pass with Merit |
| | 学英语 4 年 6 个月 | | 参加希望之星英语风采大赛北京决赛，获得金奖 |
| | 学英语 4 年 7 个月 | 听读章节书累计 800本；参加美国夏令营 | 美国夏令营回来，口语更加流利 |
| | 学英语 4 年 8 个月 转学至双语学校，英语授课内容占 70%，包括 ELA, science, social studies | 听 Artemis Fowl 4 遍 | 测得阅读水平为 5.6（美国 5 年级第 6 个月水平），81%（比 81% 的 4 年级美国孩子强） |
| 10 岁 | 学英语 4 年 9 个月 周末报班学习 FCE | 听读 Percy Jackson 3 遍 | 开始读大部头章节书（400页以上的）；写作水平提高明显 |
| | 学英语 4 年 12 个月 | 听读章节书累计 850 本 | 测得 Lexile range 是 771-921, 86% |
| | 学英语 5 年 | 每周读一本书，看 BBC 电视节目 | 寒假去美国加州一私立小学插班（该校比公校教学难度高一个学年左右），很顺利没有困难 |
| | 学英语 5 年 3 个月 通过学 FCE，语法取得了进步 | 开始续写长篇小说 | 测得阅读水平为 7.6（7 年级 6 个月） |
| | 学英语 5 年半 | 开始听成人小说，《达芬奇密码》等 | 测得 Lexile range 是 1167-1317, 98%，大概相当于美国 10~11 年级水平 |
| | | | 4 年级下学期参加 FCE 考试，以 B（良好）的成绩通过 |

续表

| 年龄 | 做法（学得） | 做法（习得） | 达到的程度 |
|---|---|---|---|
| 11 岁 | 到美国上小学五年级快班，学习六年级内容 | 听读章节书累计 900 本，看 CNN 学生新闻、网上的中学历史及百科课程 | 跳级学六年级内容，社会科学成为最擅长的科目 |
| | | 听读章节书累计 970 本，除小说外，涉及历史、游记、传记等成人题材 | 期末测得英语 99%，阅读 98%，听力 98%，社会科学 99%，年级对应：超过 12 年级；拼写 92%，12 年级 |
| | 五年级暑假，学英语 6 年半 | 听读章节书 1000 本 | 在美国的标准化考试 SAT10 中取得了英语 99%（比 99% 的美国学生英语好）的成绩；免修中学针对二语学生的 ELL 课程；测得阅读 Lexile 为 1221-1371，12 年级 |

# 后 记

一直以来，我作为一名默默耕耘的英文编辑，虽然总是和中外作者们共事，审稿，校稿，但从没有想过，自己也会写一本书。

感谢我的儿子，使我成为了一个母亲。作为妈妈，我认真设计他的学习路线、学习方式，不断探索，不断思考，从不曾停止，在这个过程中，总结了很多一手的经验。

感谢我热情洋溢的同事们，是你们的大力支持使我鼓起勇气，从幕后走到了前台，成为了一名作者。是你们的中肯意见使这本书增加了可读性。

感谢通过博客认识的博友们，不曾谋面却神交已久。我总结的问题来自于与你们的互动。

感谢我的另一半，对我来说，用少得可怜的业余时间创作一本书，是多么大的一个挑战，没有你的支持，我无法做到。

作为一个编辑，一个读者，我在审视一本书的时候，总是习惯用批判的眼光：它有科学性吗？作者有自己的观点吗？它实用吗？读者会有收获吗？希望这本书，能经得起广大望子成材的中国父母的认真审视，因为，这是我真正看重的。